E. A.

MW01600559

Estudios en
Educación
Cristiana

"Ahora como nunca antes, necesitamos comprender la verdadera ciencia de la educación. Si dejamos de comprender esto, nunca tendremos un lugar en el reino de Dios".

Elena G. de White, *Christian Educator*, 1º de agosto de 1897.

 Adventist Pioneer Library

Título del original en Inglés:
Studies in Christian Education

Publicado en 1915 y republicado en 1952 para clases en la Escuela Madison.

© 2017 ADVENTIST PIONEER LIBRARY
37457 Jasper Lowell Rd
Jasper, Oregon, 97438, USA
+1 (877) 585-1111
www.APLib.org

Apoyo: CENTRO DE INVESTIGACIONES ELENA G. DE WHITE – BRASIL

Traducción: Rolando Itin
Revisión: Miguel Valdivia
Diseño: Uriel Vidal

Impreso en EE.UU. / *Printed in USA*

Septiembre de 2017

ISBN: 978-1-61455-055-6

E. A. Sutherland

Estudios en
Educación
Cristiana

Experiencias educacionales antes del

Clamor de Medianoche

comparadas con

Experiencias educacionales antes del

Fuerte Clamor

 Adventist Pioneer Library

Edward Alexander Sutherland (1865-1955)

Índice de Contenidos

Prefacio a la Edición de 2015

Me ha emocionado y he recibido mucha satisfacción al saber que otros en un lugar diferente y en una era muy diferente, puedan encontrar desafíos, instrucción y buena camaradería cristiana en el libro que sigue, escrito por mi abuelo Edward Alexander Sutherland.

Crecí siempre sintiéndome un poco más alta, parte de la estela del leal pueblo de Dios, feliz de ser una nieta de E. A. Sutherland. Desde temprano supe que él había regresado a la escuela para estudiar medicina "a los cuarenta años de edad", mientras seguía dirigiendo la escuela en Madison. También supe que él y Percy Magan habían hecho esto juntos, trasladándose ¡en motocicletas!

Él vivía en Madison, Tennessee, mientras yo vivía en Pasadena, California. En casa, siempre se referían a él como "E.A.", todos menos mi madre, Yolanda Sutherland Brunie, quien se refería a él como "mi padre". No viajamos mucho durante la guerra (la Segunda Guerra Mundial). Pero hubo algunas llamadas telefónicas, y E. A. y la escuela de Madison siempre eran parte de nuestra realidad. Mis primeros recuerdos de haber estado con él fue cuando él y mi abuela, Sally Brailier Sutherland, nos visitaron aquí después de la guerra. Más tarde, mi madre y yo viajamos en auto para pasar una semana allí en Tennessee con su familia, donde nos alojamos en la granja del hermano de mi madre, mi tío Joe, cerca de Madison. Para entonces, mi abuelo, el Dr. E. A., también vivía allí con Joe y su familia.

Por ese entonces, julio de 1952, yo estaba a la mitad de mi curso en el Colegio de La Sierra (ahora Universidad de La Sierra), y estaba mucho más interesada en sentarme para escuchar las largas explicaciones de E. A. sobre pasajes bíblicos, sobre sus actitudes hacia numerosas áreas, y definidamente acerca de cómo Elena de White había sido importante en decidir acerca de la propiedad allí en Madison para edificar una escuela. E. A. "me marcó" con su pasión por ser bondadoso, su energía para ocuparse del momento presente, y su fuerte, amistosa y cálida presencia.

Estoy muy agradecida a las personas que vivieron desde entonces y que han mantenido a nuestros dirigentes fundadores presentes ante nosotros por medio de sus escritos históricos.

Bendiciones a los que lean este libro.

Bárbara Brunie Jones
Mayo de 2015

Prefacio Original

La Sociedad de Estudiantes Voluntarios, al estudiar los campos de actividad misionera en el Instituto Agrícola y Normal de Nashville, tuvieron el privilegio de asistir a una serie de estudios que dio el Dr. E. A. Sutherland, presidente de dicha institución, quien reveló el hecho de que las grandes denominaciones protestantes no pudieron dar el mensaje del primer ángel en su plenitud porque no se vieron libres del sistema papal de educación. Aferrarse a este sistema, al fin, los llevó a la confusión.

La denominación Adventista del Séptimo Día llegó a la existencia por causa de esta falla, y debe tener éxito donde los demás fracasaron. Su herencia como denominación es un gran movimiento de reforma, el mayor que el mundo ha conocido. El Señor ha estado diciendo a nuestro pueblo que, como individuos, estamos positivamente ante el peligro de sufrir la misma derrota que sufrieron ellos, porque todavía nos aferramos a los métodos mundanos de educación. Ellos no pudieron dar el clamor de medianoche por causa de su equivocado sistema educativo. Pronto entraremos en el período de la lluvia tardía. Confiamos en que las páginas siguientes sean leídas con fervor y oración.

1. Comienzos de la Historia Educacional en los Estados Unidos

L a iglesia que rompe el yugo de la educación mundana y desarrolla y practica los principios de la educación Cristiana, triunfa.

"Ahora, como nunca antes, necesitamos comprender la verdadera ciencia de la educación. Si dejamos de entender esto nunca tendremos lugar en el reino de Dios" (Elena G. de White, *Christian Educator*, 1º de agosto de 1897).

"La ciencia de la verdadera educación es la verdad.... El mensaje del tercer ángel es verdad" (Elena G. de White, *Testimonios para la iglesia*, t. 6, p. 135).

Se da por sentado que todos los adventistas del séptimo día creen que la educación cristiana y el mensaje del tercer ángel son la misma verdad. Los dos son tan inseparables como las raíces de un árbol y su tronco y ramas.

El objetivo de estos estudios es dar una comprensión mejor de la razón de la declinación y caída moral de las denominaciones protestantes en la época del clamor de medianoche, en 1844, y ayudarnos, como adventistas del séptimo día, a evitar sus errores al acercarnos al fuerte clamor, que pronto llegará al mundo.

Un breve repaso de la historia de las denominaciones protestantes muestra que su caída espiritual en 1844 fue el resultado de su fracaso en "comprender la verdadera ciencia de la educación". Su fracaso en comprender y practicar una educación cristiana los descalificó para proclamar al mundo el mensaje de la segunda venida de Cristo. La denominación Adventista del Séptimo Día fue entonces llamada a la existencia para asumir la obra para la cual las iglesias populares dejaron de adiestrar a sus misioneros. La denominación protestante no podía dar el mensaje del tercer ángel, un movimiento de reforma, que es una advertencia contra la bestia y su imagen. Es importante que los jóvenes adventistas del séptimo día estudien seriamente las causas de la decadencia espiritual de estas iglesias en 1844, para que no repitamos su historia, y seamos puestos a un lado por el Espíritu de Dios, y así perder nuestro lugar en el reino. Si los adventistas del séptimo día han de tener éxito donde ellos fallaron, debemos tener un sistema de educación que repudie esos principios que en sí mismos desarrollan la bestia y su imagen. "Todas estas cosas les acontecieron como ejemplo, y están escritas para amonestarnos a nosotros, que vivimos en estos tiempos finales".

El protestantismo, nacido en el siglo XVI, estaba a punto de perder su luz en Europa. Dios, entonces, preparó una nueva tierra, los futuros Estados Unidos, como cuna para la protección y desarrollo de estos principios, y de este país ha de salir el mensaje mundial que anuncia el regreso del Salvador.

> "El deseo de tener libertad de conciencia fue lo que dio valor a los peregrinos para exponerse a los peligros de un viaje a través del mar, para soportar las privaciones y riesgos de las soledades selváticas y con la ayuda de Dios echar los cimientos de una gran nación en las playas de América…. La Biblia era considerada como la base de la fe, la fuente de la sabiduría y la carta magna de la libertad. Sus principios se enseñaban cuidadosamente en los hogares, en las escuelas y en las iglesias, y sus frutos se hicieron manifiestos, en lo que se ganó en inteligencia, en pureza y en templanza…. Quedaba demostrado que los principios de la Biblia son las más eficaces salvaguardias de la grandeza nacional" (Elena G. de White, *El conflicto de los siglos*, pp. 336, 337, 341).

Estos reformadores, al llegar a Norteamérica, renunciaron a las doctrinas papales en la iglesia y el estado, pero retuvieron el sistema papal de educación.

> "No obstante haber renunciado al romanismo, los reformadores ingleses conservaron muchas de sus formas…. [Algunos] las consideraban como símbolos de la esclavitud de que habían sido libertados y a la cual no tenían ganas de volver…. Muchos deseaban ardientemente volver a la pureza y sencillez que caracterizaban a la iglesia primitiva… 'Inglaterra había dejado de ser lugar habitable'. Algunos decidieron refugiarse en Holanda. A fin de lograrlo tuvieron que sufrir pérdidas, cárceles y mil dificultades… En su fuga habían tenido que abandonar sus casas, sus bienes y sus medios de subsistencia… Pero se acomodaron animosamente a la situación y no perdieron tiempo en la ociosidad ni en quejas inútiles… 'Comprendían que eran peregrinos'…Aunque vivían en el destierro y en medio de contratiempos, crecían su amor y su fe; confiaban en las promesas del Señor, el cual no los olvidó en el tiempo de la prueba… Y cuando les pareció ver la mano de Dios señalándoles hacia más allá del mar una tierra en donde podrían fundar un estado, y dejar a sus hijos el precioso legado de la libertad religiosa, avanzaron sin miedo por el camino que la

Providencia les indicaba... Los puritanos se unieron en solemne pacto como pueblo libre del Señor, para 'andar juntos en todos sus caminos que les había hecho conocer'... En esto se manifestaba el verdadero espíritu de la Reforma, el principio esencial del protestantismo" (*Ibíd.*, pp. 333-335).

El sistema educacional de la iglesia, que los había expulsado de su hogar nativo, era uno de los errores más serios de los cuales los puritanos no se apartaron. Este sistema de educación, aunque papal en espíritu, hasta cierto punto era protestante en su forma. El historiador escribe de las escuelas de los puritanos en el Nuevo Mundo, que sus cursos estaban

"ajustados al currículo sancionado por el tiempo del 'college'. Enseñaban mucho latín y griego, un extenso curso de matemáticas, y eran básicamente fuertes del lado de las humanidades... Esto era una copia de la escuela de Rugby, Eton y otros colegios ingleses notables" (Richard G. Boone, *Education in the United States*, p. 71 [1889]).

Otra vez leemos: "Las raíces de este sistema estaban profundamente arraigadas en el gran sistema eclesiástico". "De su formación temprana", Dunster, uno de los primeros rectores de Harvard, "diseñó los cursos de Harvard mayormente siguiendo los de las universidades inglesas". Tan fielmente copiaron el modelo inglés —la Universidad de Cambridge— que fueron llamados con ese nombre, y el historiador escribió acerca de Harvard: "En diversos casos jóvenes del país de origen fueron enviados a la Cambridge norteamericana para completar su educación". Boone, hablando de los cursos de estudios de William and Mary antes de la Revolución, dice: "Todos seguían el modelo inglés". De Yale, que comenzó más tarde, se dice: "Los reglamentos, en su mayor parte, eran los de Harvard, como también lo eran sus cursos de estudio". Las escuelas más jóvenes seguían el modelo de las mayores. Es muy natural que Yale se estableciera según el sistema papal inglés, porque su fundador, Elihu Yale, había pasado veinte años en las escuelas inglesas. "Veinte años pasó en las escuelas y en estudios especiales" (*Ibíd.*, pp. 24-40).

Los adventistas del séptimo día no deben ignorar este detalle: las tres escuelas principales de las colonias fueron establecidas por hombres que habían escapado de las doctrinas papales del Viejo Mundo; pero estos educadores, por causa de su preparación en estas escuelas papales y a causa de su ignorancia de la relación entre la educación y la religión, sin darse cuenta modelaron sus instituciones siguiendo el sistema educacional de la iglesia de la cual se habían retirado. Es sorprendente que estos reformadores ingleses, después de sacrificarse como lo hicieron por una causa digna, sin embargo permitieron que un sistema de educación, tan inadecuado para todos sus propósitos, fuera en realidad la niñera de sus hijos, de la que esos niños obtuvieron su alimento. No se dieron cuenta de que el carácter y la experiencia cristiana de estos niños dependían de la naturaleza del alimento que recibían. Si hubieran captado la relación de la educación del niño con la experiencia de la misma persona en la iglesia, no habrían tomado prestado este sistema papal de educación, sino que lo hubieran arrojado afuera como demasiado peligroso para tolerarse dentro de los límites del protestantismo.

Algunos hechos de la historia educacional aclararán la afirmación de que el sistema de educación en Oxford, Cambridge, Eton y Rugby era papal, y los reformadores de la Nueva Inglaterra, al seguir para sus escuelas tales modelos estaban plantando el sistema papal de educación en América del Norte. Laurie dice: "Oxford y Cambridge siguieron el modelo principalmente de París... Un gran número de maestros y alumnos dejaron París... De este modo, la porción inglesa de la Universidad (de París) fue a Oxford y Cambridge". La relación de la Universidad de París, la madre de Cambridge y Oxford, con el papado se expresa de este modo: "Por cuanto era el centro del conocimiento teológico, recibió tantos privilegios del papa, y se mantuvo en estrecha relación con la sede papal" (Simon S. Laurie, *The Rise and Early Constitution of Universties*", pp. 153, 1621, 242).

Lutero y Melanchton, los grandes reformadores del siglo XVI, comprendieron claramente que era imposible tener una reforma religiosa permanente sin educación cristiana. Así que no solo prestaron atención a las doctrinas del papado, sino también desarrollaron un sólido sistema de escuelas cristianas. Melanchton dijo: "Descuidar a los jovencitos en nuestras escuelas es igual que sacarle la primavera al año. Realmente quitan la primavera del año los que permiten que las escuelas decaigan, porque la religión no puede mantenerse sin ellas". "Melanchton continuamente dirigió sus esfuerzos hacia el avance de la educación y la edificación de buenas escuelas cristianas... En la primavera de 1525, con la ayuda de Lutero, reorganizó las escuelas de Eisleben y Magdeburg". Él declaró: "La causa de la verdadera educación es la causa de Dios" (Joseph Stump, *Life of Philipe Melanchton*, p. 81).

"En 1528 Melanchton preparó el 'Plan de la escuela de Sajonia', que sirvió como base de organización de muchas escuelas por toda Alemania". Este plan consideró "una multiplicidad de estudios que no solo eran infructuosos sino aún dañinos... El maestro no debería recargar a los niños con demasiados libros" (F. V. N. Painter, *A History of Education*, p. 152). Estos reformadores advirtieron que la fortaleza de la iglesia papal residía en su sistema de educación, y le dieron un golpe aplastante al sistema, y al herirlo, pusieron a la iglesia papal de rodillas". Los reformadores establecieron un sistema de escuelas cristianas que convirtió a los niños en protestantes. Esta revolución maravillosa en la educación y la religión fue realizada en una generación, en el breve espacio de la vida de un hombre.

Para dar una idea del poder en ese gran movimiento educacional cristianos, el historiador, hablando de varios países europeos, dice:

> "La nobleza de ese país estudió en Wittenberg, y todos los colegios del país estaban llenos de protestantes… No más de una treintava parte de la población siguió siendo católica… Retuvieron a sus niños, además, de las escuelas [católicas]… Los habitantes de Mainz tampoco vacilaron en enviar a sus niños a las escuelas protestantes… Los conceptos protestantes extendieron sus energías vivificantes a los rincones más remotos y olvidados de Europa. Qué dominio inmenso habían conquistado en el espacio de cuarenta años… Veinte años habían pasado en Viena desde que un solo estudiante de la Universidad hubiera tomado las órdenes sacerdotales… Por este período los maestros en Alemania eran todos, casi sin excepción, protestantes. Todo el cuerpo de la generación naciente se sentaba a los pies de ellos y absorbían un odio al papa con los primeros rudimentos del conocimiento" (Leopold Von Ranke, *History of the Popes, Their Church and State, in the Sixteenth and Seventeenth Centuries*, 1844, pp. 164-167).

Después de la muerte de Lutero y Melanchton, los teólogos, en cuyas manos cayó la obra de la Reforma, en lugar de multiplicar las escuelas cristianas, se absorbieron en meras cuestiones técnicas de la teología, y pasaron por alto la mayor obra de la época. Vendieron su primogenitura por un plato de lentejas. Cuando los sucesores de Lutero y Melanchton dejaron de seguir la obra constructora, que se centraba mayormente en la educación de los jóvenes, que habían de ser los futuros misioneros y pilares de la iglesia, surgieron las disensiones internas. Gastaron su tiempo principalmente en criticar las ideas de algunos de sus colaboradores que diferían de ellos en algunos puntos sin importancia de la teología. De esta manera se volvieron destructivos en vez de constructivos. Prestaron mucha atención a las doctrinas, y gastaron la mayor parte de su energía en preservar la ortodoxia. Cristalizaron sus doctrinas en un credo; dejaron de desarrollarse, y perdieron el espíritu de la educación cristiana, que era el aceite para sus lámparas. El protestantismo degeneró en una ortodoxia muerta, y se separaron en facciones opuestas. La iglesia protestante, así debilitada, no podía resistir el gran poder de la educación papal rejuvenecida.

El éxito de los reformadores se había debido a su control de los jóvenes mediante su sistema de educación. Las escuelas papales fueron casi abandonadas durante la actividad de Lutero y Melanchton. Pero cuando estos reformadores murieron y sus sucesores llegaron a estar más interesados en la teología abstracta que en la educación cristiana, y pasaron su tiempo, energía y el dinero de la iglesia en predicar y escribir sobre teología abstracta, el sistema papal de escuelas, en recuperación, retornó a una lucha de vida o muerte con la iglesia protestante. El Papado se dio cuenta de que la existencia misma de la iglesia papal dependía de una victoria sobre las escuelas protestantes. Nos sorprende la habilidad y el tacto que los educadores papales usaron en su ataque, y la rapidez con la que obtuvieron la victoria. Esta experiencia debería ser una lección objetiva permanente para los adventistas del séptimo día.

Una escuela cristiana animada por el espíritu papal:—Los ojos de los sucesores de Lutero y Melanchton estuvieron enceguecidos. No comprendían "la verdadera ciencia de la educación". No vieron su importancia, ni captaron cuánto dependía el carácter sobre la educación. "El verdadero propósito de la educación es restaurar la imagen de Dios en el alma" (*Christian Education*, p. 63). Satanás se aprovechó de esta ceguera para hacer que algunos de sus propios educadores, como lobos en ropa de ovejas, hicieran presa de los corderos. Uno de los principales entre éstos fue John Sturm, a quien estos reformadores ciegos suponían un buen protestante. Sturm introdujo prácticamente el sistema papal de educación entero en las escuelas protestantes de Estrasburgo. Y porque él pretendía ser protestante, los sucesores de Lutero miraron con favor todo su esquema educacional. Era considerado por los así llamados reformadores como el mayor educador de su tiempo, y su escuela llegó a ser tan popular entre los protestantes que fue tomada como modelo para las escuelas protestantes de Alemania, y su "influencia se extendió a Inglaterra, y de allí a Norteamérica… 'Nadie que esté familiarizado con la educación que dan nuestras principales escuelas clásicas, Eton, Winchester y Westminster, hace cuarenta años, puede dejar de ver que su currículo estaba enmarcado en gran medida en el modelo de Sturm'". El historiador dice que la ambición de Sturm era "reproducir a Grecia y Roma en medio de la civilización cristiana moderna" (*A History of Education*, p. 162).

Este lobo educacional, cubierto de un vellón cristiano, hizo grandes incursiones entre los corderos del rebaño, e hizo posible una victoria papal. El enemigo más peligroso de todos en una iglesia es una escuela propia, cristiana en su profesión, con "algunos maestros y administradores, convertidos solo a medias", que están "acostumbrados… a los métodos populares", que "ceden en algunas cosas y hacen reformas a medias;… prefiriendo trabajar de acuerdo con sus propias ideas" (*Testimonios para la iglesia*, t. 6, p. 146), quienes, paso a paso, avanzan hacia la educación mundana, llevando a los corderos inocentes con ellos. En el día del juicio será más fácil para ese hombre que ha sido frío y un enemigo declarado de un movimiento de reforma, que para el que profesa ser un pastor, pero que ha sido un lobo con ropa de oveja, que engaña a los corderos hasta que son incapaces de salvarse a sí mismos. Es el golpe maestro del diablo para destruir la obra de Dios en el mundo, y no hay influencia más difícil de contrarrestar. Ninguna otra forma del mal es tan firmemente denunciada. "Yo conozco tus obras, que ni eres frío ni caliente. ¡Ojalá fueras frío o valiente! Pero por cuanto eres tibio y no frío ni caliente, te vomitaré de mi boca" (Apoc. 3:15, 16).

La escuela de Sturm estaba a mitad de camino entre las escuelas cristianas de Lutero y Melanchton y las escuelas papales que la rodeaban. Ofrecía una mezcla de literatura medieval y clásica con una delgada capa de Escrituras entre medio como para dar efecto, y sazonada con las doctrinas de la iglesia. Su curso de estudios era impráctico; sus métodos de instrucción, mecánicos; se exaltaba la memorización; su gobierno era arbitrario y empírico.

> "Un conocimiento muerto de palabras ocupaba el lugar de un conocimiento vivo de las cosas… Los estudiantes estaban obligados a aprender, pero no eran educados para ver y oír, para pensar y probar, y no eran conducidos a una verdadera independencia y perfeccionamiento personal; los maestros hallaban que su función era enseñar el texto prescrito, no el desarrollo armonioso del joven ser humano de acuerdo con las leyes de la naturaleza" (*A History of Education*, pp. 156, 157).

Macaulay, hablando de este sistema educativo, añade:

> "Prometían lo que era impracticable; despreciaban lo que era practicable; llenaban el mundo con palabras largas y barbas largas; y lo dejaban tan malvado e ignorante como cuando lo encontraron" (Thomas B. Macaulay, "Lord Bacon" (*Critical and Historical Essays Contributed to the Edinburgh Review*, tomo 2, 1877, p. 389).

Las escuelas jesuitas:—Este estudio debería dejar claro que los maestros protestantes debilitaron e incapacitaron a la denominación protestante para el ataque que hizo el papado por medio del sistema opuesto de educación, introducido por Loyola, fundador de la Orden de los Jesuitas. Antes de esto, la iglesia católica se dio cuenta de su impotencia para resistir el gran movimiento del protestantismo, inaugurado por miles de misioneros adiestrados en las escuelas cristianas de Lutero y Melanchton. Notando el retorno de la iglesia protestante a la ortodoxia muerta bajo la ineficiente dirección de los sucesores de Lutero, el papado reconoció el punto vulnerable del protestantismo.

La orden de los jesuitas encontró su misión especial en combatir la Reforma. Como el medio más efectivo de frenar el progreso del protestantismo, apuntó a controlar la educación. "Desarrolló una intensa actividad educacional" en los países protestantes,

> "y ganó una gran reputación por sus escuelas... Más que ninguna otra agencia, frenó el progreso de la Reforma, y aún tuvo éxito en traer de regreso territorio ya conquistados por el protestantismo... Trabajó principalmente por medio de sus escuelas, de las cuales estableció y controló un gran número... Cada miembro de la orden llegó a ser un maestro práctico y competente" (*A History of Education*, pp. 167-169).

Los siguientes métodos de enseñanza son característicos en las escuelas jesuitas: "*La memoria* se cultivaba como un medio de mantener a raya la libertad de pensamiento y la claridad del juicio". En lugar del autogobierno, su método de disciplina era una "sistema de desconfianza mutua, espionaje y traición. *La obediencia implícita* libraba a los alumnos de toda responsabilidad en cuanto a la justificación moral de sus actos" (Karl Rosenkranz, *The Philosophy of Education*, pp. 270, 271).

> "Los jesuitas daban gran importancia a la emulación... 'El que sabe cómo excitar la emulación ha encontrado el auxiliar más poderoso en su enseñanza... Nada será más honroso que sobrepasar a un compañero, y nada más deshonroso que ser sobrepasado. Se distribuían premios a los mejores alumnos con la mayor solemnidad posible. Procuraban resultados deslumbrantes con los cuales asombrar al mundo. Un desarrollo bien equilibrado no era nada... Los jesuitas no apuntaban a desarrollar *todas* las facultades de sus alumnos, sino meramente las facultades receptoras y de repetición... [Cuando un alumno] podía exhibir en forma brillante los recursos de una memoria bien provista, había alcanzado el punto más elevado al que los jesuitas procuraban conducirlo. La originalidad y la independencia mentales, el amor por la verdad por sí misma, el poder de reflexionar, y de formar juicios correctos, no eran meramente descuidados, eran suprimidos en el sistema jesuita" (*A History of Education*, pp. 171-173).

> "El sistema jesuita de educación... tuvo un éxito notable, y por un siglo casi todos los hombres destacados de la cristiandad salieron de las escuelas jesuitas" (*The Philosophy of Education*, p 271).

El éxito de las escuelas jesuitas:—Con respecto al éxito del sistema educativo jesuita en superar a los protestantes descuidados e indiferentes, leemos: "Lograron que prevalezca su sistema". Impidieron que las escuelas protestantes avanzaran y, como parásitos, les absorbieron su vitalidad. "Sus labores estuvieron principalmente dedicadas a las universidades… Los protestantes sacaban a sus hijos de escuelas distantes, y los ponían bajo el cuidado de los jesuitas… [Los jesuitas] ocuparon las cátedras como profesores… Conquistaron a los alemanes en su propio territorio, en sus casas, y les arrancaron una parte de su tierra nativa" (*History of the Popes, Their Church and State*, pp. 170-172). Esta conquista rápidamente pasó a casi todos los países europeos. Conquistaron Inglaterra al llevar a los jóvenes ingleses a Roma, educarlos en escuelas jesuíticas, y enviarlos de regreso como misioneros y maestros a su tierra natal. Y de este modo se establecieron en las escuelas de Inglaterra. Los jesuitas también invadieron al nuevo mundo, llegando a estar sólidamente establecidos, y desde entonces usaron sus métodos característicos. Aquí, como en otras partes, su único propósito es "obtener el dominio exclusivo de la educación, de modo que al tomar a los jóvenes en sus manos pueden modelarlos según sus propios moldes" (Richard E. Thompson, *Footprints of the Jesuits*, p. 419).

> "En el espacio de cincuenta años desde el día en que Lutero quemó la Bula de León ante las puertas de Wittenberg, el protestantismo obtuvo su máximo predominio, un predominio que pronto perdieron, y que nunca volvieron a tener" (Thomas B. Macaulay, "Essay on Von Ranke's History of the Popes", *The Edinburgh Review*, pp. 236, 237).

> "¿Cómo es que el protestantismo hizo tanto, pero no hizo más? ¿Cómo es que la iglesia de Roma, habiendo perdido una gran parte de Europa, no solo dejó de perder, sino que en efecto recuperó casi la mitad de lo que había perdido? Esta es ciertamente una pregunta muy curiosa e importante" (*Ibíd.*, p. 227).

Ya hemos tenido la respuesta, pero está bien enunciada por Macaulay, quien entendió la parte que desempeñaron las escuelas jesuíticas fundadas por Loyola:

> "Tal fue el célebre Ignacio de Loyola quien en la gran reacción, realizó la misma labor que Lutero en el gran movimiento protestante. A los pies de los jesuitas, los jóvenes de las clases altas y medias se criaron de la niñez a la adultez, desde los primeros rudimentos hasta los cursos de retórica y de filosofía… La gran orden salió en conquista y para conquistar… Su primer objetivo era no impulsar a nadie fuera de los límites de la iglesia". (*Ibíd.*, pp. 240, 241).

La caza de herejes derrota la causa de los protestantes:—Macaulay propone de este modo las causas de esta derrota del protestantismo, y el éxito del papado:

> "La guerra entre Lutero y León era una guerra entre una fe firme y la incredulidad; entre el celo y la apatía; entre la energía y la indolencia; entre la seriedad y la frivolidad; entre una moralidad pura y el vicio. Una guerra muy diferente era la que el protestantismo degenerado tuvo que enfrentar contra un catolicismo regenerado", [hecho posible por el sistema educativo jesuítico]. (*Ibíd.*, pp. 244, 245).

> "Los reformadores habían contraído algunas de las corrupciones que habían sido justamente censuradas en la Iglesia de Roma. Se habían vuelto tibios y mundanos. Sus grandes líderes de antaño habían sido llevados a la tumba y no habían dejado sucesores… Por todas partes del lado protestante vemos languidez; por todas partes del lado católico vemos ardor y devoción. Casi todo el celo de los protestantes estaba dirigido en contra de ellos mismos. Dentro de la iglesia católica no había disputas serias sobre puntos de doctrina… Por otro lado, la fuerza que debía haber servido para la batalla de la Reforma se agotó en conflictos civiles". (*Ibíd.*, p. 245).

El papado aprendió una lección amarga al tratar con los herejes. Desde la Reforma conserva las fuerzas de estos y las utiliza.

Macaulay dice:

> "Roma comprende completamente lo que ninguna otra iglesia entendió alguna vez: cómo tratar con los entusiastas… La iglesia católica no se somete al entusiasmo ni lo prescribe, sino lo utiliza… De acuerdo con esto, lo alista (al entusiasta) en su servicio… Para un hombre con esta actitud no hay lugar dentro de los límites de la institución (las iglesias protestantes ortodoxas). Él no ha asistido a un colegio… y se le dice que si permanece en la comunión de la iglesia tiene que hacerlo como oyente, y que, si ha decidido ser un maestro, tiene que comenzar siendo un cismático (hereje). Pronto habrá hecho su decisión; arenga en Tower Hill o en Smithfield. Se forma una congregación, y en pocas semanas, la iglesia (protestante) ha perdido cien familias para siempre". (*Ibíd.*., pp. 247-249).

El papado fue más sabio que los protestantes en tratar con los que se volvieron un tanto irregulares en sus ideas. Usó poco tiempo en juzgarlos. Dirigió sus esfuerzos, en lugar de intentar sacarlos de la iglesia por la fuerza.

> "El entusiasta ignorante a quien la iglesia de Inglaterra… convierte en un enemigo muy peligroso, la iglesia católica lo convierte en un campeón. Le pide que se deje crecer la barba, lo cubre con una toga y un capuchón, hechos de un material áspero y oscuro, le ata una

soga a la cintura y lo envía para enseñar en nombre de ella. Él no le cuesta nada. No le quita ni un ducado al clero regular. Vive con las limosnas de los que respetan su carácter espiritual, y están agradecidos por sus instrucciones... Toda esta influencia se emplea para fortalecer la iglesia... De este modo la iglesia de Roma reúne en ella misma toda la fortaleza del establecimiento (organización) y toda la fuerza del disenso... Pongan a Ignacio de Loyola en Oxford. Con certeza llegará a ser la cabeza de una secesión formidable. Pongan a Juan Wesley en Roma. Seguramente será el primer general de la nueva sociedad dedicada al interés y el honor de la iglesia". (*Ibíd.*, pp. 249-250).

La iglesia de Roma, desde su rejuvenecimiento, está literalmente viva, con soldados decididos, entusiastas y celosos, que no saben nada sino vivir, gastarse y morir por la iglesia. Ella está decidida a conquistar y recuperar a las denominaciones protestantes humilladas, quebrantadas y completamente subyugadas. Ella tiene en todas partes, por medio de sus maestros, editores, y oficiales públicos jesuitas, hombres que trabajan para modelar el pensamiento público, para capturar los cargos públicos importantes y controladores del gobierno, y más que todo, para obtener el control de las mentes de los niños y jóvenes protestantes por medio de sus maestros. Ella valora ese principio eterno, y lo utiliza: "Instruye al niño en el camino en que debe andar, y cuando fuere viejo no se apartará de él". Déjenme educar a un niño hasta los doce años, dicen los católicos, y será siempre un católico. Podemos ahora comprender mejor por qué aquellos reformadores ingleses no comprendieron el carácter y el peligro del sistema escolar en boga en Cambridge, Oxford, Eton y Westminster, y sin quererlo, plantaron este sistema de educación en las costas de su nuevo hogar y en todas sus escuelas cristianas. En ignorancia lo fomentaron y lo esparcieron, y sus sucesores, como los sucesores de Lutero y Melanchton, llegaron a estar tan infectados con el espíritu de Roma que por 1844 las iglesias protestantes eran moralmente iguales a su madre.

En esto hemos estado repasando las raíces que produjeron el árbol de la educación en los Estados Unidos. Mientras Harvard, la primera escuela en Nueva Inglaterra, al principio "fue poco más que una escuela de adiestramiento para los ministros", y "la Biblia se estudiaba sistemáticamente", no obstante resulta evidente a cualquier estudiante del curso de estudios de Harvard que, aparte de la enseñanza de la Biblia, su currículo seguía el modelo de Eton, Rugby y otra escuelas inglesas notables, basadas todas en el sistema de Sturm. Yale, William and Mary, y otras instituciones de los Estados Unidos siguen este mismo modelo. *Contemplen a la Norteamérica protestante educando a sus niños en escuelas que seguían el modelo de las escuelas papales de Sturm.*

El secreto del rechazo de las denominaciones protestantes en 1844 está contenido en la historia de la educación que acabamos de dar. Vemos que, mientras se aferraron a las formas del protestantismo, su sistema educativo continuaba instilando en el estudiante la vida del papado. Esto producía una forma de protestantismo imbuida con el espíritu del papado. Esto es Babilonia. ¿No deberían nuestros estudiantes cuestionar seriamente el carácter del sistema educativo en el que se encuentran, para no aparecer en la compañía de esas cinco vírgenes insensatas que son rechazadas en el tiempo del fuerte clamor, así como las grandes iglesias cristianas fueron rechazadas en el tiempo del clamor de medianoche porque no entendieron "la verdadera ciencia de la educación"? No "se alinearon con la educación verdadera", y rechazaron el mensaje.

Algunos hombres en este país recibieron de Dios ciertas ideas divinas de reformas en el gobierno civil durante los días de la herida del papado. Estos hombres se atrevieron a enseñar y practicar estas verdades. Fomentaron los principios del gobierno civil hasta el punto en que el mensaje del tercer ángel pudo ser entregado bajo su protección. Pero el sistema papal de educación, como lo practicaron las iglesias protestantes, era una amenaza constante para este reforma civil, porque las iglesias no se separaban del curso medieval clásico con el otorgamiento de títulos y honores, sin los cuales es difícil que la aristocracia y el imperialismo prosperen tanto en la iglesia o el estado. Pero a pesar de que las iglesias no se apartaron de este sistema, los reformadores civiles repudiaron todas las coronas, títulos y honores que habían perpetuado la aristocracia y el imperialismo europeos. Por cuanto las iglesias todavía se aferraban al sistema educacional del papado, llegaron a ser responsables, no solo por el espíritu papal dentro de sí mismas, sino también por el regreso del imperialismo tan claramente manifestado en nuestro gobierno, y especialmente notorio en tales tendencias hacia la centralización como los consorcios, monopolios y sindicatos.

El año 1844 fue uno de los períodos más críticos de la historia de la iglesia desde los días de los apóstoles. La mano de la profecía había estado señalando hacia ese año durante siglos. Todo el cielo estaba interesado en lo que estaba por ocurrir. Los ángeles trabajaban con intenso interés en favor de aquellos que pretendías ser seguidores de Cristo, para prepararlos para aceptar el mensaje que se había de proclamar al mundo. Pero la historia relatada más arriba muestra que las denominaciones protestantes se aferraron al sistema de educación tomado del papado, que las incapacitaba totalmente ya sea para recibir o para dar el mensaje. En consecuencia, les era imposible adiestrar a los hombres para proclamarlo.

El mundo se estaba acercando al gran día de la expiación en el santuario celestial, el año 1844. Antes de esa fecha, la historia registra un movimiento educacional cristiano y un despertar religioso muy notables. Las iglesias populares se acercaban rápidamente hacia su prueba crucial. Y Dios sabía que era imposible que ellas pudieran proclamar aceptablemente el mensaje final a menos que se "alinearan con la educación verdadera", a menos que tuvieran una clara comprensión de "la verdadera ciencia de la educación". Estas palabras les eran aplicables: "Ahora como nunca antes necesitamos comprender la verdadera ciencia de la educación. Si no podemos comprender esto, nunca tendremos lugar en el reino de Dios" (Elena G. de White, *Christian Educator*, 1º de agosto de 1897).

Lo que las iglesias protestantes afrontaban en el año 1844, nosotros como adventistas del séptimo día estamos afrontando hoy. Veremos cómo las denominaciones protestantes se opusieron a los principios de la educación cristiana, y de este modo no adiestraron a sus jóvenes para proclamar el clamor de medianoche. Los jóvenes adventistas del séptimo día, miles de los cuales están en las escuelas del mundo, no pueden darse el lujo de repetir este fracaso. La caída moral de las iglesias populares que provocó el fuerte clamor, "Ha caído, ha caído Babilonia", nunca se hubiera dado si hubiesen sido fieles a los principios de la educación cristiana. Si los adventistas del séptimo día individualmente enfocan el fuerte clamor con la misma experiencia con la que los protestantes enfocaron el clamor de medianoche, del mismo modo serán vírgenes insensatas a quienes se les habrá de cerrar la puerta. Todas las vírgenes de la parábola de Cristo tenían lámparas, las doctrinas; pero les faltaba el amor de la verdad que iluminara esas doctrinas. "La ciencia de la verdadera educación es la verdad, la cual ha de quedar grabada tan profundamente en el alma que no pueda ser borrada por el error que abunda por doquier. El mensaje del tercer ángel es verdad, luz y poder" (*Testimonios para la iglesia*, t. 6:135). ¿No es, entonces, la educación cristiana, la luz de las doctrinas? La educación papal no ilumina esas lámparas, porque es tinieblas.

Ciertamente es un momento serio para los jóvenes adventistas del séptimo día, un momento en el que cada maestro en el país, cada estudiante y obrero en perspectiva para la misión de la iglesia, debería enfrentar directamente la situación y debería decidir su actitud hacia los principios de la educación cristiana. Porque "antes de que podamos llevar el mensaje de la verdad presente en su plenitud a otros países, primero debemos quebrar todo yugo. Debemos alinearnos con la educación verdadera" (Elena G. de White, "The Madison School", *Special Testimonies,* Series B, No. 11, p. 30). "Ahora, como nunca antes, necesitamos comprender la verdadera ciencia de la educación. Si no podemos entender esto, nunca tendremos un lugar en el reino de Dios". Estamos tratando un tema de vida y muerte.

2. Historia de la Reforma Educativa Antes de 1844

Ahora enfocaremos el estudio de la reforma educativa llevada a cabo en las denominaciones protestantes en relación con el mensaje del primer ángel antes de 1844. La siguiente declaración muestra que había necesidad de una reforma en la educación en ese momento.

"Cuando la verdad para estos últimos días llegó al mundo en la proclamación de los mensajes del primero, segundo y tercer ángeles, se nos mostró que en la educación de nuestros niños debía introducirse un orden diferente de cosas" (Elena G. de White, *Testimonios para la iglesia*, t. 6, p. 131).

Es imposible, por la limitación del tiempo, estudiar en detalle todas las experiencias del grupo de más de sesenta escuelas que defendían la reforma en la educación antes de 1844. Sin intentar agotar el tema, el objetivo será mostrar que la luz de la educación cristiana [fue] exhibida con suficiente claridad en diversas escuelas en los Estados Unidos para dar a las denominaciones protestantes una oportunidad de recoger estos principios mientras se desarrollaban en las diversas escuelas, para incorporarlos en sus propias escuelas de iglesia, "para alinearse con la educación verdadera", y adiestrar un ejército de misioneros para difundir el mensaje al mundo en ese momento. Por conveniencia, las diversas fases de la educación cristiana se considerarán del modo siguiente: El lugar de la Biblia en la educación; clásicos mundanos antiguos y modernos; cursos electivos de estudio, títulos y honores; reformas en la alimentación, ubicación de las escuelas, y edificios escolares; el adiestramiento para la obra misionera de sostén propio y un movimiento de laicos. La actitud del estudiante adventista del séptimo día hacia estos problemas medirá su eficiencia en la proclamación del mensaje del tercer ángel.

Citas de historiadores:—La historia del movimiento de reforma educacional anterior a 1844 de la cual citamos, fue escrita, en su mayor parte, por hombres que no simpatizaban con las reformas hechas en ese tiempo. Muchas de estas escuelas, después de abandonar sus reformas, desarrollaron el sistema popular de educación. Los educadores vinculados con estas escuelas en su historia posterior no están más orgullosos de ese período que cubre estas experiencias de reforma, que el hombre que una vez conoció a Cristo, lo siguió con sencillez, y más tarde se fue al mundo. Tal hombre es capaz de tomar livianamente su experiencia religiosa, y excusarse por su anterior actitud hacia la reforma.

De modo que estos historiadores, escribiendo después del período de reforma, a menudo han presentado la reforma bajo una luz desfavorable o aun ridícula. Si tuviéramos acceso a los reformadores mismos, sin duda el movimiento aparecería bajo una luz aún más fuerte. Aún los enemigos del movimiento dan suficiente información como para satisfacer al lector de que el Espíritu de Dios sacudió los corazones de los dirigentes educacionales y de la iglesia acerca de estas grandes reformas, y bajo su conducción intentaron practicarlas.

EL LUGAR DE LA BIBLIA EN LA EDUCACIÓN

Acerca de este tema, la relación de la Palabra de Dios debería tener con los otros temas del currículo escolar, ha sido debatida por los educadores durante siglos. El líder de cada lado de esta controversia comprende que su victoria depende de la posición que la Biblia tiene en la escuela.

La historia de esta controversia entre las dos fuerzas acerca de la posición de la Palabra de Dios en la educación de los jóvenes puede leerse en la siguiente historia bíblica:

"El pueblo había servido a Jehová todo el tiempo que vivió Josué, y también mientras vivieron los ancianos que sobrevivieron a Josué… la generación que se levantó después no conocía a Jehová… Dejaron a Jehová… y se fueron tras otros dioses, los dioses de los pueblos que estaban en sus alrededores, y los adoraron… Se encendió entonces contra Israel el furor de Jehová, quien los entregó en manos de salteadores que los despojaron… no pudieron ya hacerles frente…Jehová levantó jueces que los libraran… Pero acontecía que, al morir el juez, ellos volvían a corromperse… siguiendo a dioses ajenos" (Jueces. 2:7-19).

Esta es una historia condensada del antiguo Israel. Cuando la Palabra de Dios tenía su lugar adecuado en el hogar y en la escuela, Israel prosperaba, y las naciones mundanas decían de ellos: "Ciertamente nación sabia y pueblo entendido es este". Luego leemos que ellos "se olvidaban de las cosas de Dios, y dejaban de "enseñar a sus hijos" la Palabra. Estos niños no enseñados

> "se mezclaron con las naciones, aprendieron sus obras y sirvieron a sus ídolos, los cuales fueron causa de su ruina... Se contaminaron así con sus obras, y se prostituyeron con sus hechos... Los entregó en poder de las naciones, y se enseñorearon de ellos los que los detestaban... Muchas veces los libró" (Sal. 106:35-43).

El estudiante de la Biblia puede leer en esta historia del antiguo Israel una serie de reformas que exaltaron la Palabra de Dios poniéndola en su lugar apropiado en el hogar y la escuela. A esto le seguía el descuido con respecto al estudio de la Biblia y la práctica de sus principios en el hogar y en la escuela. Esto significaba que las ideas de los hombres mundanos adquiría precedencia sobre la Palabra de Dios, resultando en tal debilidad que el mismo pueblo al que Israel estaba tan ansioso de imitar los despreciaba por su imitación, y los consideraba con tal disgusto que reducían a Israel a una esclavitud abyecta; e Israel perdía la estima del mundo, a cambio de lo cual habían descuidado la Palabra de Dios. En el mundo educacional Israel llegó a ser la cola en lugar de la cabeza. Ha sido una batalla regia entre Cristo y Satanás, en la que Cristo siempre pone la sabiduría de su Palabra delante de su pueblo como "lo principal", "un árbol de vida", mientras el dios de este mundo nos mantiene en esclavitud cada vez que al amor de la verdad muere en nuestros corazones. Siempre ha sido su propósito engañar "por medio de filosofías y huecas sutilezas basadas en las tradiciones de los hombres, conforme a los elementos del mundo". Y así el problema en cuestión entre Cristo y Satanás en la controversia educacional, pasada, presente y futura, ha estado en relación con el lugar de la Biblia en las mentes y las vidas de maestros y estudiantes. La historia del Israel moderno podría escribirse en el mismo lenguaje como el del antiguo Israel, sustituyendo solo los términos y las fases para imprimir más vívidamente las comparaciones y las aplicaciones. La generación seducida a preferir la literatura mundana a la Palabra de Dios ha sido pocas veces capaz de aplicar estas lecciones a sí misma, porque "el dios de este mundo les cegó el entendimiento".

> "Por encima de todo otro libro, la Palabra de Dios debe ser nuestro tema de estudio, el gran libro de texto, la base de toda educación; y nuestros niños deben ser educados en las verdades que ella encierra, sin atender a hábitos y costumbres precedentes. Al hacer esto, tanto los maestros como los alumnos encontrarán el tesoro escondido, la educación más elevada. Los preceptos bíblicos han de regir la vida cotidiana... Debe introducirse y adoptarse un nuevo propósito,

ayudarse a los alumnos a aplicar los principios de la Biblia en todo lo que hacen. Debe señalarse claramente y eliminarse todo aquello que salga de lo recto, pues es iniquidad que no debe perpetuarse" (*Testimonios para la iglesia*, t. 6:131, 127).

Los estudiantes en nuestras escuelas cristianas deberían probar cada hecho y afirmación con la Palabra de Dios. Toda la información que no resiste la prueba debería ser rechazada como paja, porque no es aceite para sus lámparas, y solo les estorbará en dar el fuerte clamor. "Debe introducirse un orden diferente de cosas" en nuestras escuelas, y "las cosas torcidas y encorvadas" deben ser enderezadas por los principios bíblicos. Si estos principios hubieran sido seguidos antes de 1844, los estudiantes hubieran estado preparados para recibir el clamor de medianoche, y para llevar el mensaje hasta los confines de la tierra.

La Biblia en Oberlin:—El Oberlin College, establecido en Oberlin, Ohio, en el año 1833, tuvo una experiencia muy notable en la formación de obreros cristianos. Un historiador de la institución escribió,

> "Se consideraba que las Escrituras, tanto en la versión inglesa como en las lenguas originales, poseían el valor educativo más elevado, y como tal, debían ser estudiadas primero, y al final, y en todo el espacio intermedio... La Biblia es adecuada y debería por lo menos estar a la par con los clásicos, y debería tener un lugar en cada plan educativo desde la escuela primaria hasta la universidad... ¿No deberían los estudiantes de teología leer la Biblia entera en hebreo y en griego? Oberlin decidió restaurar la Biblia a su lugar como libro de texto permanente en todo el curso... ¡Educación cristiana sin la Biblia! ¡Una monstruosidad en el mundo religioso, una piedra de tropiezo para los incrédulos!" (Delavan L. Leonard, *The Story of Oberlin*, pp. 233-235 [The Pilgrim Press, 1898].)

Las siguientes palabras resumen las conclusiones de una gran clase de eruditos de ese tiempo que estaban procurando llevar a cabo una reforma en la educación:

> "En la Edad Oscura los clásicos fueron primero despreciados, luego sobre-exaltados, y las Escrituras disminuidas. Ahora, otra vez vemos que la Biblia es buena para el estilo y el gusto... La Biblia es pasada por alto y descuidada en la educación. Permitan que la Biblia tenga su lugar. *Asuntos como éstos no deben decidirse por las costumbres de las escuelas que todavía están repletas con muchos usos que nos vienen de la época del Cardenal Bembo*". (*Ibíd.*, p. 235).

Muchos reformadores educacionales hicieron esfuerzos fervientes para poner la Biblia donde debía estar en las escuelas. El poder de Dios ayudó estos esfuerzos. Si los maestros no hubieran cedido a la presión realizada por los líderes que tenían simpatía por la educación mundana, la historia de las iglesias populares habría sido enteramente diferente, y también la de los adventistas del séptimo día.

Oberlin permitió que la Biblia se deslizara de su posición exaltada y, después de un periodo de sesenta años, por las palabras siguientes podemos juzgar que la Biblia todavía no ha llegado al lugar que debía ocupar siquiera con nuestros propios estudiantes:

> "La Biblia no ha sido constituida en un asunto normal en su educación, sino libros mezclados con infidelidad, y que propagan teorías falsas, se han presentado ante ellos". (Elena G. de White, *Special Testimonies on Education*, p. 149.)

Los clásicos mundanos antiguos y modernos

Las ideas de los clásicos paganos y otros autores mundanos inspiran a los estudiantes en un sistema de educación mundano, así como los estudiantes de la educación cristiana se inspiran en la Biblia. Los clásicos, o las humanidades, pueden no siempre aparecer con ese nombre en el currículo de algunas así llamadas escuelas cristianas; no obstante, si el sistema no está animado por el espíritu de la Biblia, el resultado de la educación se verá en caracteres mundanos.

> "Se ponen en las manos de niños y jóvenes en nuestras escuelas autores no inspirados como libros de texto, libros con los cuales han de ser educados. Se los mantiene ante los jóvenes, ocupando su precioso tiempo en estudiar esas cosas que nunca podrán usar" (*Ibíd.*, p. 232).

> "Todo asunto innecesario debe ser excluido del curso de estudios, y solo se debe poner ante el estudiante estudios que serán de valor real para él" (*Ibíd.*, p. 151).

Los clásicos en Oberlin:—Los reformadores educacionales anteriores a 1844 procuraron seguir la verdad en los temas que enseñaban. Oberlin, entre otros, tuvo esta experiencia:

> "*Clásicos paganos:*—Estas dos palabras representan otro tema ardiente de hace sesenta años… El tema estaba en debate por todas partes" (*The Story of Oberlin*, p. 231).

El presidente Mahan, en 1835,

> "objetó el actual plan en relación con el griego y el latín, especialmente el último. Está mejor adaptado para educar a los paganos que a los

cristianos. Podemos disciplinar la mente con las Escrituras hebreas y griegas, y estas pueden purificar la mente. Esta es la opinión de los mejores hombres y los mejores eruditos. Tengamos menos clásicos y más ciencias naturales, más leyes norteamericanas e historia, más de los hombres y las cosas. Dennos la verdad, los hechos, el conocimiento práctico y disponible" (*Ibíd.*, p. 232).

El anuncio anual de Oberlin, publicado en 1834, contiene esta afirmación:

"El departamento colegial ofrecerá una instrucción tan amplia como otros colegios, diferenciándose de algunos al sustituir el hebreo y los clásicos sagrados en lugar de los autores paganos más objetables".

La razón ofrecida para sustituir la Escritura en el original en lugar de autores paganos era que "ciertos autores clásicos eran tan abominablemente impuros que no es nada menos que criminal ponerlos en las manos de nuestros jóvenes" (*Idem*).

Sesenta años después de esto, nosotros, los adventistas del séptimo día recibimos la siguiente instrucción sobre este tema, porque nuestras escuelas no habían tomado una posición positiva sobre los clásicos y los autores mundanos como la que estos reformadores educacionales tomaron antes del clamor de medianoche:

"¿Deben presentarse los sentimientos paganos e incrédulos a nuestros alumnos como adiciones valiosas a su caudal de conocimiento? (Elena G. de White, *Consejos para los padres, maestros y alumnos*, p. 27).

La junta directiva de Oberlin les pidió a sus docentes

"que consideraran con mucha oración y deliberación si el tiempo dedicado a los clásicos paganos no debería ser usado con el estudio de las Escrituras hebreas y las ciencias naturales?" (*The Story of Oberlin*, p. 233).

Tres años más tarde, la misma junta directiva preguntó:

"¿No deberían los estudiantes de teología leer la Biblia entera en hebreo y griego?" (*Idem.*)

Dos años más tarde, votaron:

"que a ningún estudiante se le niegue la aprobación del College al final de su curso por causa de una falta de conocimiento de los clásicos paganos, siempre que apruebe un examen en otros ramas de estudio necesarias para prepararlo para predicar a Cristo" (*Idem.*)

El movimiento para colocar las Escrituras en lugar de los clásicos paganos encontró favor en muchas escuelas. En 1830 un abogado prominente, graduado de Yale, presentó un alegato sobre "Clásicos sagrados versus paganos". El presidente de Amhurst, el presidente de Cooper Union, y el Profesor Stowe, del Dartmouth College,

> "estaban llenos de simpatía con él en su deseo de ver que se le confiriera relativamente menos honor a la literatura de los antiguos griegos y romanos, y relativamente mayor honor a la literatura de la antigua Palestina" (*Ibíd.*, p. 235).

Estas citas muestran que una cantidad de instituciones educativas que hoy defienden a los clásicos, alguna vez en su historia favorecieron la sustitución de las Escrituras en vez de los clásicos.

CURSOS ELECTIVOS DE ESTUDIOS Y TÍTULOS ACADÉMICOS

La educación mundana obliga a los estudiantes, sin tener en cuenta sus necesidades o su trabajo futuro, a seguir un curso prescrito de instrucción. Trata con los alumnos en masa. La educación cristiana reconoce las necesidades individuales, y se esfuerza en perfeccionar el carácter individual. Permite que los estudiantes, en consejo con los docentes, elijan las materias según sus necesidades futuras. El papado no puede prosperar a menos que los alumnos pasen por un curso prescrito, "el molinillo", para destruir la independencia y la individualidad. El protestantismo es lo opuesto.

> "Este proceso prolongado, que añade más y más tiempo, más ramas, es una de las trampas de Satanás para retener a los obreros… Si tuviéramos mil años ante nosotros, tal profundidad de conocimiento no sería necesario, aunque podría ser mucho más apropiado; pero ahora nuestro tiempo es limitado" (*Special Testimonies on Education*, p. 106).

Cursos electivos:—Thomas Jefferson en su declaración de Principios para la Universidad de Virginia en 1823 dijo, con respecto al currículo estereotípico:

> "No estoy completamente informado acerca de las prácticas en Harvard, pero hay una de la cual ciertamente diferimos, aunque creo que fue copiada por casi cada colegio y academia en los Estados Unidos. Es la de tener a todos los alumnos sujetos a un curso prescrito de lectura, y negarles la aplicación a aquellas ramas que son las únicas que han de calificarlos para la vocación específica a la cual están destinados. Debiéramos, por lo contrario, permitirles elegir sin controlarles las cátedras a las que deseen asistir, y solo exigir calificaciones elementales y edad suficiente" (Herbert B. Adams, *Thomas Jefferson and the University of Virginia*, pp. 123-124 [Government Printing Office, 1888]).

Boone dice además,

> "Esta regla ha estado en operación desde entonces… No hay currículo de estudios como en la mayoría de las instituciones similares… Esta es la 'libertad de enseñanza'… y es el correlato de aquella… igualmente fundamental 'libertad de aprender' que en este país ha llegado a conocerse como el 'sistema abierto', o el principio de elección" (*Education in the United States*, pp. 190-191).

El plan de Jefferson para un curso electivo fue un golpe a uno de los principios fundamentales del sistema papal que no le da ninguna elección al alumno, y por supuesto, los que controlaban el sistema papal se opusieron a él. Boone dice: "En 1814, después de numerosas derrotas y constante oposición del Colegio William and Mary, de las iglesias protestantes, y de la mayor parte de los líderes políticos de la época, el Sr. Jefferson y sus amigos procuraron proveer… una universidad" que reconociera el gran principio de la libertad en la educación (*Idem.*).

El Colegio Randolph-Macon, una institución metodista fundada por 1828, captó la luz de la educación cristiana e hizo un esfuerzo para apartarse del sistema medieval que exaltaba los clásicos. Randolph-Macon tomó el siguiente acuerdo con respecto a los antiguos cursos medievales:

> "Se adoptó el sistema 'ecléctico'… Se afirma que se puede hacer un trabajo más completo bajo este sistema que bajo el antiguo sistema de currículo. Pero a los estudiantes no se les permite elegir por sí mismos sin consultar con los docentes. Prácticamente todos los estudiantes tienen un currículo elegido para él según el curso que desea seguir" (*Thomas Jefferson and the University of Virginia*, p. 243.)

Randolph-Macon tuvo dificultades, y no pudo cumplir la reforma.

> "Era un movimiento nuevo, y encontró el prejuicio o la fría indiferencia de parte de los predicadores y del pueblo" (*Ibíd.*, p. 240).

Harvard, la escuela que absorbió el sistema papal de John Sturm, del Cambridge inglés, y que condujo a todas las demás escuelas norteamericanas al sistema papal de educación, estuvo entre los primeros de los colegios más antiguos en intentar ponerse en línea con la educación verdadera sobre esta reforma. Comenzó por 1824.

> "La experiencia de Harvard, durante la larga transición de un currículo uniforme requerido, a una libertad controlada de elección de estudios" podría ser útil para otras instituciones…. Se adoptó un curso [descrito] como 'por lejos el plan más amplio llevado a cabo hasta ese tiempo'" (*Education in the United States*, p. 192].

A los alumnos se les dio una gran libertad en la elección de sus estudios. Se les permitía "elegir de las siguientes materias... Era una gran concesión, y tuvo una influencia permanente sobre el curso" (*Ídem*).

Yale, que imitó muy estrechamente a Harvard en su historia temprana, fue materialmente afectada por la reforma en los cursos hecha por Harvard, y permitía una mayor libertad a los alumnos en la elección de sus estudios.

"Aún Yale, que ha sido general y apropiadamente considerada como la conservadora del principio de autoridad en la instrucción universitaria, otorgó una gran libertad por un cuarto de siglo... Tan numerosas fueron las concesiones que 'casi la mitad del trabajo de los últimos dos años'... 'quedaba para que cada estudiante lo decidiera por sí mismo'... [Los] *juniors* [alumnos del penúltimo año de estudios] [elegían] como el sesenta por ciento de su trabajo, y los *seniors* [los del último año] más del ochenta por ciento. Desde el punto de vista de los antiguos, o aún de un erudito del período revolucionario, el cambio parecería ser ruinoso... Pero ya no se niega la necesidad o la sabiduría del principio de la elección. 'Permitir la elección... es peligroso; no permitirlo, es más peligroso'" (*Ibíd.*, pp. 197, 198).

Hace años, la Universidad de Michigan, aflojó, y "se les permite a los estudiantes seguir cursos especiales, y asegurar, al partir, certificados de aprovechamiento".

La Universidad de Cornell también captó el principio de la educación cristiana sobre el tema de los cursos electivos. "Se considera que la libertad en la elección de los estudios es fundamental". En muchas escuelas bien despiertas se hace esta pregunta: "¿Se dará el grado de B. A. [Bachiller en Artes] cuando se han omitido los clásicos? Johns Hopkins dice, Sí" (*Ibíd.*, pp. 197-198).

Un educador destacado resume así las virtudes del sistema de elección: Estimula la elección temprana del trabajo del alumno; desarrolla la individualidad; da una mejor oportunidad para las elecciones individuales y la orientación; da la oportunidad de enseñar lo que el estudiante más necesita; retiene mejor el interés del estudiante; revelará temprano la capacidad del estudiante.

Los antiguos cursos establecidos eran arbitrarios, y fueron necesarios para construir la confianza adecuada a las necesidades del papado. Sin tales cursos era difícil someter a los alumnos, haciéndolos herramientas eficientes en las manos de los líderes. De acuerdo con sus ideas de educación, a ninguno debía permitírsele el derecho de elección, por temor de que no pudiera ser dirigido para ser un siervo obediente del sistema cuando se ocupara en la labor de su vida. La individualidad y la personalidad, toda independencia y originalidad podía ser en gran medida aplastada al poner a los estudiantes bajo el curso regular de estudios prescrito. A ninguna persona se le permitía enseñar, predicar o hacer alguna cosa importante sin primero terminar un curso y recibir un grado.

Debido a esto el Señor, a fin de preparar obreros para el clamor de medianoche, inspiró a los reformadores a atacar los cursos de estudio fijos y establecidos que habían sido heredados, prácticamente sin cambios, de los siglos pasados, cursos que mantenían la mente de los alumnos en un pasado sombrío y anticuado; que los cegaba a las cosas interesantes y prácticas de la vida, y los incapacitaba para entrar en la vida con la capacidad de poner en práctica las cosas que habían aprendido en la escuela. Tal formación era absolutamente inútil para quien se preparaba para dar el clamor de medianoche.

Los títulos:—Los cristianos deben mantener frente al mundo "que todos los hombres fueron creados iguales; que su Creador los dotó con ciertos derechos inalienables; que entre éstos están la vida, la libertad y la búsqueda de la felicidad". El papado se opone a estas verdades, y ha encontrado que las herramientas más efectivas en sobreponerse a estos derechos inalienables es su sistema educacional con sus cursos y títulos. Por un lado, éstos destruyen la libertad, la independencia y la originalidad de pensamiento, mientras que por otro lado desarrollan la distinción de clases, la aristocracia y el imperialismo.

La iglesia apostólica apóstata encontró que era necesario desarrollar una corporación educativa a fin de mantener a sus miembros sumisos a su voluntad en la enseñanza. Este monopolio educacional llegó a ser efectivo y completo cuando adoptó el esquema pagano de cursos rígidos que conducen a títulos. Les dio forma de cristianismo, y en lugar del Espíritu de Dios puso el espíritu pagano. La combinación de forma cristiana y vida pagana produjo el papado. Hartman, escribiendo con respecto al sistema educativo de la iglesia apóstata, dice: "El otorgamiento de títulos se originó con un papa". (Rev. B. Hartman, *Religion or No Religion in Education*, p. 43).

> "Muchos de los que profesaban ser convertidos se aferraban aún a los dogmas de su filosofía pagana, y no solo seguían estudiándolos ellos mismos, sino que inducían a otros a que los estudiaran también a fin de extender su influencia entre los paganos" (*El conflicto de los siglos*, p. 62, 63).

> "Mientras navegamos en la corriente del mundo, no tenemos necesidad de vela ni de remo. En realidad, es al volvernos decididamente contra la corriente cuando empieza nuestro trabajo. Satanás introducirá toda clase de teorías para pervertir la verdad. La obra avanzará con dificultad" (*Testimonios para la iglesia*, t. 6, p. 135).

"Hay necesidad de una conversión del corazón entre los maestros. Un cambio genuino de pensamiento y métodos de enseñanza se requiere para ponerlos donde tendrán una relación personal con un Salvador viviente" (Elena G. de White, *Fundamentals of Christian Education*, p. 435).

Thomas Jefferson, el hombre que escribió aquel antiguo y grandioso documento, la Declaración de Independencia, que anunció al mundo nuestra separación de la forma papal de gobierno, y que enunció el principio divino de que todos los hombres fueron creados libres e iguales, procuró desarrollar un sistema educativo en armonía con la posición de reforma que el gobierno había asumido. Vio la necesidad de descartar los cursos rígidos y los títulos, e introducir el "sistema de elecciones" que hemos visto.

"Al principio intentó abandonar los títulos académicos establecidos por largo tiempo, salvo el de M. D. ["Medical doctor"] y adoptar el sencillo título de Graduado de U. V., el nombre de la escuela o escuelas en las que el estudiante 'había sido declarado eminente', lo que se expresaba en su 'certificado', donde el profesor específico 'daba fe' o testificaba (*Thomas Jefferson and the University of Virginia*, p. 153).

El profesor Tappan, primer presidente de la Universidad de Michigan, siguió el plan de Jefferson. "Se permitía a los alumnos el seguir cursos especiales, y recibir al final certificados de aprovechamiento" (*Education in the United States*, p. 191).

Esas "primeras tentativas para cambiar las viejas costumbres acarrearon pruebas severas" (Elena G. de White, *Testimonios para la iglesia*, t. 6, p. 146) quedaron bien ilustradas por la experiencia de los fundadores de la Universidad de Virginia, porque "en pocos años la junta directiva y la facultad fueron forzadas a abandonar la reforma".

Hemos visto que la demanda popular por los cursos y títulos académicos establecidos era demasiado fuerte para que Jefferson pudiera resistirla. Más tarde el espíritu de Dios conmovió a las iglesias al originar una agitación en la escuela de Oberlin, dándoles una oportunidad de apartarse de ese sistema tan efectivo que mantenía al papado, y preparar al pueblo de Dios para el clamor de medianoche. Se dice del Colegio de Oberlin:

"El sentimiento democrático, el espíritu de igualdad, la ausencia de clases y castas, basadas sobre distinciones meramente artificiales, es casi tan marcada en la institución como en la aldea (*The Story of Oberlin*, p. 398).

"No ha habido acciones positivas de los directores o los docentes en oposición a tales títulos, solo una repugnancia tradicional. Aun los títulos comunes, en curso, han sido a veces sometidos a una mala reputación entre los estudiantes. La mitad de la clase de 1838, que eran veinte, se rehusó a recibir el diploma y el presidente anunció en la graduación que aquellos que deseaban el título académico podrían recibir sus diplomas en la oficina de la institución". (James H. Fairchild, *Oberlin: The Colony and the College*, p. 267.)

La presión de la iglesia que controlaba a Oberlin fue tan fuerte, que los reformadores fueron incapaces de abandonar el viejo sistema educacional. ¿Quién puede decir cuánto peso tuvo este fracaso en reducir las iglesias protestantes a la condición llamada "Babilonia"?

LA RIVALIDAD, LOS HONORES Y LOS PREMIOS

El otorgamiento de títulos, premios, honores, etc., fue tomado prestado del sistema papal de educación.

"En nuestras instituciones de enseñanza había de ejercerse una influencia que contrarrestara la influencia del mundo, y no estimulara la indulgencia del apetito, de la gratificación egoísta de los sentidos, del orgullo, la ambición, el amor al vestido y a la exhibición, el amor a la alabanza y la adulación, y de procurar altas recompensas y honores, como resultado de un buen aprendizaje. Todo esto debía ser desalentado en nuestras escuelas. Sería imposible evitar estas cosas y no obstante enviarlos a las escuelas públicas" (Elena G. de White, *Review and Herald*, 9 de enero de 1894).

Pero antes de 1844 Dios estaba procurando hacer por las denominaciones protestantes lo que ahora está procurando hacer por los adventistas del séptimo día. La reforma educacional anterior al clamor de medianoche demostró ser un fracaso. Pero el que comparte el fuerte pregón debe tener éxito en la reforma educativa.

"Oberlin es algo peculiar en el asunto de notas, premios, honores y cosas similares. Durante la década del treinta cuando el Sr. Shipherd y sus asociados estaban poniendo los fundamentos, hubo mucha discusión sincera afuera con respecto al valor y la legitimidad de la rivalidad… en la vida estudiantil. Muchos de los más destacados educadores sostenían con gran esfuerzo que no era necesaria para asegurar los mejores resultados, mientras en general, las tendencias eran que en total eran dañinas y perversas. En todo sentido era mucho mejor apelar solo a la naturaleza más elevada de los alumnos de todos los títulos, así como a todos los demás. Influenciados mayormente por tales convicciones, que aunque las recitaciones y los exámenes son calificados y se guardan registros, esto no es para establecer una base para otorgar títulos o distribuir honores, sino solo para la consulta privada del docente, el alumno, u otra persona preocupada por ello. Nunca se hacen anuncios de la posición de los alumnos." (*The Story of Oberlin*, p. 408.)

La Universidad de Nashville:—Mientras Oberlin batallaba con el tema de premios, recompensas, los clásicos, etc., otras instituciones estaban luchando con el mismo problema. El Dr. Lindsley, fundador de la Universidad de Nashville, la predecesora del bien conocido Instituto Peabody, establecido en este período, dijo: "El otorgamiento de premios como recompensas por la erudición fue descartado", y el fundador testifica que "prevalecían mucho más paz, armonía, contentamiento, orden, diligencia y decoro moral" (Lucius S. Marriam, *Higher Education in Tennessee*, p. 33).

Horace Mann, el eminente docente y escritor, y padre del sistema de educación pública en los Estados Unidos, de todo corazón desaprobaba el sistema clásico de rivalidad. El Sr. Mann dice,

> "Sostengo y siempre he sostenido como muy poco cristiano poner a dos niños en tal relación mutua que si uno gana el otro tiene que perder. Ubicados así, lo que los estudiantes ganan en intelecto, sí, pierden mil veces más en virtud… Usted conoce mi pensamiento acerca de la rivalidad. Puede producir alumnos brillantes, pero los hace políticos bribones y comerciantes pícaros" (Marie Tyler y Horace Mann, *Life and Works of Horace Mann*, t. 1, pp. 494, 515).

El Sr. Mann se oponía a la práctica jesuítica papal, tan necesaria para el éxito de ese sistema de educación, que dice,

> "Nada se tendrá por más honorable que sobrepasar a otros estudiantes, y nada más deshonroso que ser superado. Los premios se distribuirán a los mejores estudiantes con la mayor solemnidad posible" (*A History of Education*, p. 171).

REFORMAS EN LA ALIMENTACIÓN

"La verdadera ciencia de la educación" da al estudiante un conocimiento de las leyes que gobiernan su cuerpo, y un amor por tales leyes. Cada escuela cristiana debería dar a sus alumnos un conocimiento de la alimentación adecuada, de una vestimenta apropiada, y familiarizarlos con aquellas fases de la vida que forman un misionero de éxito. Una ola de reforma en los asuntos de la alimentación, la vestimenta y otros principios de salud importantes cubrió el país, y muchos reformadores educacionales procuraron introducir estos temas prácticos en sus escuelas. El espíritu de Dios los estaba preparando para la prueba crucial en 1844.

"Entre los estudios elegidos para los niños, la fisiología debería ocupar el primer lugar" (Elena G. de White, *The Health Reformer*, 1º de agosto de 1866, pár. 4).

"Debería considerarse como la base de todo esfuerzo educativo" (*Ibíd.*, 1º de nov. de 1871, pár. 3).

"Mientras las escuelas que hemos establecidos han iniciado el estudio de la fisiología, no lo han tomado con la energía con que deberían haberlo hecho. No han practicado inteligentemente lo que han recibido en conocimiento" (Elena G. de White, *Healthful Living*, p. 13 [1897]).

"La salud debería ser vigilada tan sagradamente como el carácter" (Elena G. de White, *Christian Education*, p. 184).

Los fundadores de Oberlin, movidos por el espíritu de reforma, dijeron:

"A fin de tener tiempo y salud para el servicio del Señor, comeremos solamente alimentos sencillos y sanos, renunciando a todos los malos hábitos, y especialmente el fumar y el mascar tabaco, a menos que sea necesario como medicina, y negarnos todas las bebidas fuertes e innecesarias, aun el té y el café, hasta donde sea practicable, y toda cosa costosa que sea considerada sencillamente para gratificar el apetito" (*The Story of Oberlin*, p. 86).

En 1832, el Sr. Sylvester Graham, el inventor de la harina de Graham,

"comenzó a llamar a los hombres a arrepentirse de sus pecados de la mesa. De acuerdo con esta autoridad clásica, las verduras y las frutas deberían constituir la esencia de cada comida, y debería comerse tan cerca de su estado natural como sea posible. El pan debería hacerse con harina de trigo no cernida (siendo ésa su condición natural), aunque el centeno y el maíz son permisibles si no son cernidos, lo mismo que el arroz y el sagú [un almidón obtenido de un tipo de palmera], si se cocina en forma sencilla. Se puede usar una buena crema en lugar de manteca [o mantequilla], aunque la leche y la miel son algo mejores. Sería mejor eliminar de la mesa la carne de res y el pescado en todas sus formas. No debería probarse ninguna grasa ni jugos de carne, como tampoco comidas líquidas como sopas y caldos. Los pasteles son una abominación, y las tortas en las que se haya usado grasa o mantequilla. El pan debería comerse recién después de doce horas de haber salido del horno, y veinticuatro horas, es mejor. Y en cuanto a los condimentos, la pimienta, la mostaza, el aceite, el vinagre, etc., y los estimulantes como el té y el café, deberían ser evitados como enemigos mortales de la salud" (*Ibíd.*, 218, 219).

Los profesores Shipherd y Finney de Oberlin confesaron ambos haber restablecido su salud por medio de la reforma de la alimentación de Graham. "El púlpito de Oberlin llegó a ser agresivamente "grahamita".

El departamento de alimentación de la escuela fue puesto a cargo de un discípulo de Graham. "El té y el café no se introdujeron al comedor del colegio hasta 1842, y posiblemente un poco más tarde... Muchas de las familias descartaron el té y el café, y unos pocos adoptaron la dieta vegetariana". Con respecto a la dieta vegetariana, leemos:

> "Por dos o tres años más los estudiantes recibieron en el comedor 'la comida de Graham'. No se restringían a esto. Se preparaba una mesa para los que preferían una dieta diferente" (*Oberlin: The Colony and the College*, p. 83).

La reforma de la alimentación en otras escuelas:—Oberlin no estuvo solo en estas reformas. "En el Colegio Williams se formó una asociación en 1831 que abarcaba a la mayoría de los alumnos internos basada sobre los principios de la abstinencia del té y el café, y el uso exclusivo de alimentos sencillos en todo respecto". "La misma reforma se registró en la historia del Colegio Hudson". En el Seminario Lane "fue el deseo de los estudiantes abandonar el té, el café, y todos los lujos, y vivir en base a los principios de la sencillez y la economía cristianas". En Danville, Kentucky, y Maryville College, Tennessee, fue lo mismo, porque queremos que nuestros ministros estén libres de la dispepsia y las quejas del hígado". El historiador de Oberlin escribe que "era grande el grupo que no usaba carne ni pescado, ni manteca [mantequilla] o leche, ni té o café" (*The Story of Oberlin*, pp. 222, 223).

Horace Mann dijo:

> "Debemos prestar mucho más atención a la salud de los estudiantes, no solo al enseñarles las leyes fisiológicas de la salud, sino al educar a los estudiantes a una obediencia habitual a ellas. Salomón no dice *instruye* al niño en el camino en que debe andar, sino dice "*adiéstralo*", lo que significa que se debe exigir al niño que lo haga por sí mismo, y que lo repita una y otra vez, y diez veces más, hasta que llegue a ser un hábito" (George C. Mann, *Life and Works of Horace Mann*, t. 5 [1891], p. 415).

El Sr. Mann dice además:

> "Como el ejercicio físico es tan importante entre los medios para obtener la salud, es seguro que ningún colegio puede alguna vez mantener una condición general de salud elevada entre sus estudiantes a menos que pasen algunas horas cada día en esfuerzo muscular. De aquí que los docentes del Colegio de Antioch requieren que sus alumnos hagan ejercicio cada día... Estimulamos el trabajo manual de toda manera práctica, y si el público dadivoso o un individuo generoso nos diera tierra para agricultura, o aun para propósitos de

horticultura, les prometemos que el viejo mandato de cultivar la tierra y guardarla no quedaría olvidado" (*Ibíd.*, pp. 415, 416).

Sería difícil encontrar un escritor con un concepto más claro de los principios de salud que el enseñado por la Palabra de Dios. Después de describir el aumento de las enfermedades en el mundo por causa del alejamiento del hombre del plan original de Dios, el Sr. Mann dice,

> "Solo se produce porque el hombre se apartó de las leyes del cielo; porque, por amor al dinero, o por orgullo, la enfermedad se casa con la enfermedad;… porque cuando Dios ordenó a Adán que trabajara —es decir, realizara alguna forma de ejercicio— *en el jardín* —es decir, al aire libre—, los hombres no hacen ejercicio, y viven en casas que añaden venenos artificiales a los naturales, y entonces respiran ese compuesto virulento" (*Ibíd.*, p. 341).

Si la reforma pro salud debe ser enseñada por ministros y maestros adventistas del séptimo día, y la entendieran y practicaran todos los que triunfarán en el fuerte clamor, nos vemos obligados a concluir que el Señor les estaba dando a las iglesias protestantes, por medio de sus escuelas, esta luz de la reforma pro salud, que era necesaria para que ellos entendieran y la practicaran antes del clamor de medianoche como lo es para nosotros el fuerte pregón. Nos vemos obligados también a concluir que su fracaso en vivir la luz de la reforma de salud los incapacitó para apreciar y aceptar otra luz. Así que es sumamente peligroso para los estudiantes actuales relacionarse descuidadamente con este reforma.

LA UBICACIÓN APROPIADA PARA LAS ESCUELAS, Y LA VIDA RURAL PARA LOS ESTUDIANTES

La palabra centralización tipifica el sistema papal de educación; exalta al hombre, sus ideas y sus costumbres. En otras palabras, es un estudio de las humanidades, de lo artificial en vez de lo natural. Tal esquema de educación puede operarse mejor en relación con la vida en una ciudad. Por lo tanto, las escuelas papales y las que siguen el modelo papal generalmente están ubicadas en los pueblos y ciudades. Por el contrario, la educación cristiana significa descentralización; exalta a Dios y sus obras; es un retorno a la forma de actuar de Dios. Este sistema se puede desarrollar mejor en el campo, en una granja donde se puede adquirir la experiencia necesaria para llevar adelante el último mensaje.

"Dios nos pide que establezcamos escuelas lejos de las ciudades, donde, sin impedimentos ni obstáculos, podemos llevar adelante la obra de la educación en base a planes que están en armonía con el solemne mensaje que nos fue encomendado para el mundo. Una educación como ésta puede ser mejor lograda donde hay tierra para cultivar... Las cosas útiles aprendidas en la granja de la escuela son exactamente la educación que es más esencial para aquellos que saldrán como misioneros a muchos campos extranjeros" ("The Madison School", pp. 28-29).

"Algunos no aprecian el valor del trabajo agrícola. Estos no debieran estar a cargo de formular planes para nuestras escuelas; pues detendrían el avance de cualquiera en las direcciones debidas. En lo pasado su influencia ha sido un impedimento" (*Testimonios para la iglesia*, t. 6, p. 181).

Con respecto a los terrenos de la escuela se dijo,

"Este terreno no tiene que ser ocupado con edificios, excepto en lo tocante a proveer las comodidades necesarias para los maestros y los alumnos de la escuela. El terreno que rodea la escuela debe reservarse para la granja de la escuela. Tiene que convertirse en una parábola viva para los alumnos, quienes no han de considerar el terreno de la escuela como una cosa común... Han de sembrar en él plantas de adorno y árboles frutales y cultivar la huerta... La finca de la escuela ha de ser considerada como un libro de texto de la naturaleza..." (*Ibíd.*, pp. 185).

"Emplead todas vuestras energías para el desarrollo de la granja del Señor (*Ibíd.*, p. 195).

"Los motivos que en algunos lugares nos han inducido a alejarnos de las ciudades y situar nuestras escuelas en el campo, se adaptan bien a las escuelas que vayamos a establecer en otros lugares... Si el dinero que nuestras escuelas más grandes usaron en edificios costosos se hubiese invertido en la adquisición de terrenos donde los alumnos pudiesen haber recibido una educación apropiada, no habría ahora un número tan grande de alumnos luchando bajo la carga de una pesada deuda, y la obra de dichas instituciones se hallaría en una condición más próspera... Los alumnos habrían obtenido una educación adecuada que los habría preparado, no solamente para la labor práctica en oficios diversos, sino para un lugar en la viña del Señor en la tierra renovada" (*Ibíd.*, p. 181).

Hemos visto que Dios estaba procurando despertar las iglesias populares para que aceptaran la educación cristiana. Esto significaba una reforma en la ubicación de sus escuelas. Unos pocos años antes de 1844, muchos reformadores educacionales fueron inducidos a establecer escuelas fuera de la ciudad, y en una granja.

Los metodistas, ya en 1735, bajo la dirección de los Wesley y de Whitefield intentaron llevar adelante la idea educativa de Dios en Georgia. Establecieron una escuela a diez millas [16 kms] de Savannah. El historiador afirma, "El Sr. Habbersham había localizado la concesión de quinientos acres [unas 200 hectáreas]". Wesley declaró que esta escuela debería ser "una sede y un semillero de aprendizaje sólido y de educación religiosa".

La Universidad de Virginia en una granja:—Cuando Thomas Jefferson estaba haciendo planes para la Universidad de Virginia en un informe para presentar al Presidente de la Cámara de Delegados,

> "Se afirma que ellos compraron 'a una distancia de una milla (1,6 kms.) de Charlottesville… doscientos acres [unas 80 hectáreas] de tierra, donde había un lugar idóneo para el colegio, alto, seco, abierto, provisto con agua buena, y nada en su vecindad que pudiera amenazar la salud de los estudiantes'" (*Thomas Jefferson and the University of Virginia*, p. 69).

Oberlin en una granja:—El Sr. Shipherd, fundador del Oberlin College, escribió así de sus planes tempranos.

> "Hemos de establecer escuelas de primer orden, desde la escuela infantil hasta una escuela académica, que proporcionará una educación sólida en inglés y en idiomas útiles, y si la Providencia lo favorece, al fin, instrucción en teología, quiero decir, teología práctica. Conectaremos talleres y una granja con la institución" (*Oberlin: the Colony and the College*, p. 18).

Se compró una extensión de tierra en los bosques vírgenes de Ohio, y 640 acres [unas 240 hectáreas] de ella se guardaron para propósitos educativos. El suelo era de arcilla y con humedad, y "la tierra se había considerado por años como indeseable para su ocupación". Por esta misma razón la compra fue severamente criticada. Se hizo por la fe de los fundadores que les permitió ver algunas cosas que aún los expertos en tierra habían pasado por alto. Que los adventistas del séptimo día lean la experiencia similar de los fundadores de la Escuela de Avondale, Cooranbong, Australia. Los fundadores de Oberlin

> "Fueron guiados por una sabiduría superior a la humana, ya que una ubicación, casi prohibitiva en sus aspectos físicos, y por años, de difícil acceso, fue una condición indispensable para la formación del carácter y las realizaciones de la obra a la cual Oberlin había sido claramente llamado" (*The Story of Oberlin*, p. 82).

El Colegio Richmond (Virginia) fue fundado por los bautistas en 1832.

> "Compraron la Granja Spring, una pequeña extensión de tierra a unas cuatro millas [6,4 kms] al noroeste de la ciudad, y allí el 4 de julio,

abrieron una escuela de tareas manuales, llamada El Seminario Bautista de Virginia" (*Thomas Jefferson and the University of Virginia*, p. 271).

El Colegio Emory and Henry, una institución metodista, fue establecido en Virginia en 1835. Había de ser:

"Un colegio de tareas manuales, una institución de enseñanza en la que los alumnos habían de ser adiestrados para trabajar así como para pensar. Esta característica del trabajo manual fue un rasgo sobresaliente en la empresa, como se la presentó al principio al público… Se compró una granja de seiscientos acres [unas doscientos cuarenta hectáreas] de tierra altamente productiva pagada con los primeros recursos reunidos. Al principio se tenía la intención de que esta granja fuera cultivada por los estudiantes, para lo cual se daría una compensación que ayudaría a pagar los gastos de los alumnos" (*Ibíd.,* pp. 253, 254).

Sería interesante estudiar más esta reforma, pues muchas otras escuelas siguieron esta luz y obtuvieron ubicaciones fuera de los pueblos y las ciudades. Cuando se estudia el adiestramiento manual, esta fase de la reforma educacional volverá a presentarse a su atención.

SENCILLEZ EN LOS EDIFICIOS

La reforma en la educación incluye los edificios que albergan la institución educativa. El espíritu de centralización es una característica necesaria del papado, y asociada con el sistema educacional papal de la Europa medieval hay generalmente cierta característica en la forma de los edificios, edificios de las órdenes monásticas, claustros oscuros, deprimentes, con los que se asocian largas oraciones, ensartar cuentas, Biblias encadenadas, capuchas, togas, birretes, vigilias nocturnas, largos exámenes, títulos, rollos de pergamino; memorarización en lugar de razonamiento; vista, no fe; pensamiento, no acción. Rosenkranz dice:

"La educación monacal procura, por medio de un silencio completo poner el alma en un estado de inmovilidad, que, por la falta de intercambio de pensamiento, al final se hunde en una apatía total y una antipatía hacia toda el cultivo intelectual" (*The Philosophy of Education*, p. 256).

Piense en intentar dar esta clase de educación en el campo abierto y libre, o en edificios con ventanas abiertas por las cuales entran los brillantes rayos del cielo, rodeados de aves canoras, equipos de trabajo, vacas para ordeñar, cultivo de cereales, y el sonido del martillo y la sierra. Tal ambiente mata este sistema de educación tan ciertamente como la luz mata los gérmenes.

"Los errores cometidos en el pasado en la construcción de ciertos edificios, deben ser advertencias saludables para lo por venir... Nuestras ideas referentes a construir y amueblar las instituciones deben ser regidas por la práctica de una comunión constante y humilde con Dios. No debe considerarse necesario dar a esos establecimientos una apariencia de riqueza... No son los edificios imponentes y costosos, ni los muebles de lujo... lo que dará a nuestra obra influencia y éxito" (*Testimonios para la iglesia*, t. 7, pp. 92, 93).

Thomas Jefferson en su plan para dar una educación democrática descartó el sistema medieval de dormitorios del sistema de las escuelas papales.

"En lugar de construir un solo edificio grande que podría haber agotado sus recursos, y haber dejado poco o nada para otros gastos esenciales, pensaron que era mejor levantar edificios pequeños y separados para cada profesor, con un departamento para sus clases, y otros para su propio alojamiento, conectando estas cabañas con una hilera de dormitorios capaces de alojar a solo dos estudiantes, una provisión igualmente favorable para el estudio como para la moral y el orden" (*Thomas Jefferson and the University of Virginia*, p. 69).

De las cabañas para los estudiantes se dice: "Consistían de dormitorios de un piso que tenían un efecto no desagradable", y estos edificios tenían su "terreno para jardín o huerta".

Esto ciertamente requería el autogobierno. Ponía a los maestros y a los estudiantes en el mismo nivel; estimulaba la sencillez en la vida; era económico, y apelaba fuertemente a los que estaban limitados en la cantidad de dinero que podían gastar en edificios escolares y equipos. Pero se dan otras razones más para este plan de cabañas. Jefferson dijo:

"El plan ofrecía las ventajas adicionales de una mayor seguridad contra incendios e infecciones, de extender los edificios al mismo ritmo en que entraban los recursos, y de añadirlos indefinidamente después... En lugar de un edificio inmenso, [favorezco] tener uno pequeño para cada profesorado, dispuestos a una distancia adecuada alrededor de una plaza, para admitir extensiones, conectados por galerías cubiertas, de modo que pudieran ir en seco de una escuela a otra. Esta forma de pueblo es preferible a un gran edificio único por muchas razones, específicamente por causa de incendios, economía, salud, paz y tranquilidad... Este plan había sido aprobado en el caso del Albemarle College" (*Ibíd.*, pp. 69, 73).

"Cabell también estaba completamente convencido de la solidez del reglamento de edificación de la Universidad. Aun los enemigos de la institución reconocieron que el camino de Jefferson era sabio... [Un visitante influyente] había sido ganado para la universidad por una mera visita de inspección que lo impresionó con la extensión y el esplendor del establecimiento... No había absolutamente nada en la vecindad de Charlottesville para atraer ya sea a profesores o estudiantes. Jefferson fue obligado, por las necesidades de la situación, a crear algo visible e impresionante que forzara la admiración" (*Ibíd.*, p. 100).

Antes de la apertura de la universidad, Jefferson escribió acerca de diez casas diferentes para los profesores, "cada una con un jardín," y "ciento nueve dormitorios con capacidad para dos estudiantes cada uno" (*Ibíd.*, p. 101).

Jefferson vio el efecto de la arquitectura sobre las mentes plásticas de los estudiantes, y dijo,

"Mi preferencia por esa división no se funda solo en conceptos educacionales, pero infinitamente más como el medio de una mejor administración de nuestro gobierno, y la conservación eterna de los principios republicanos" (*Ibíd.*, p. 73).

Los fundadores de Oberlin estuvieron alineados con la verdad en el asunto de edificios sencillos.

"Para aumentar nuestros medios de servicio... observaremos la sencillez y durabilidad en la construcción de nuestras casas, muebles, vehículos, y todo lo que nos pertenece" (*The Story of Oberlin*, p. 86).

"Hay un estilo sencillo, prolijo y claro de edificios que se recomienda a sí mismo al buen sentido del hombre iluminado, y que todavía no es estimado altamente por el mundo, ni tampoco es una abominación a la vista del Señor" (*Oberlin: The Colony and the College*, p. 359).

También otras escuelas siguieron el plan de cabañas para alojar a los estudiantes. De la Universidad de Oglethorpe, una de las prestigiosas instituciones presbiterianas en la historia temprana de Georgia, se dijo:

"Había una hilera de dormitorios de un piso para el alojamiento de los estudiantes... Estas estaban ubicadas con una separación de unos doce pies [unos tres metros y medio] entre ellas, y cada una de ellas estaba dividida en dos habitaciones de dieciocho pies cuadrados" (Charles E. Jones, *Education in Georgia*, p. 83).

Esto ocurría en 1837 cuando los presbiterianos estaban luchando con la "ciencia verdadera de la educación", y estaban estableciendo el tema de si ayudarían a proclamar el último mensaje al mundo. El objeto de la escuela cristiana es la de adiestrar a jóvenes para "soportar dificultades como buenos soldados de Jesucristo". Los gobiernos mundanos, cuando adiestran a los soldados, evitan aquellas comodidades y lujos que tienden a que los soldados no estén dispuestos a soportar las dificultades del campo de batalla. No están alojados en hoteles actualizados. Pero a menudo los edificios de una escuela se construyen y equipan para la comodidad de aquellos que enseñan, que alojan y alimentan a los estudiantes, más bien que para el adiestramiento necesario para preparar a estos jóvenes para llegar a ser soldados que soportan incomodidades. El uniforme, los modales y el pulimiento de los jóvenes soldados estudiantes, reciben más atención que los ejercicios mismos de muchos de los oficiales que han tenido más experiencia en desfiles de gala que en yacer en trincheras. ¿Necesitamos sorprendernos por qué un número tan grande de los estudiantes, después de un largo adiestramiento, prefieren aceptar un trabajo en una institución con comodidades actualizadas donde hay comida y ropa buenas, y un salario asegurado, más bien que ser pionero de una empresa donde quedan mayormente al amparo de sus propios recursos? ¿Hasta qué punto nuestras grandes escuelas, bien equipadas, son responsables por esto? En estos últimos días las escuelas que enseñan a los estudiantes a contentarse con una comida y ropa sencillas, y estimulan el espíritu de sacrificio, y les dan la capacidad de decir, "De aquí en adelante mi país será la tierra que más necesita mi ayuda", estará en mayor demanda de aquellos estudiantes que esperan triunfar en el fuerte pregón.

Sobre este principio Thomas Jefferson construyó edificios escolares sencillos, en los cuales adiestrar una clase de hombres que promuevan los principios de la democracia en los Estados Unidos. Y prácticamente cada gobierno en el mundo ha sido afectado por estos principios.

El maestro promedio, cuando piensa en una escuela preparatoria, imagina grandes edificios, equipados con instalaciones y comodidades modernas, que requieren un gran desembolso de medios. Ustedes, alumnos, no han tenido tales instalaciones delante de ustedes aquí. Quienes tienen el concepto corriente de una escuela de adiestramiento, difícilmente pueden reconocer su escuela como una institución educativa. Esta capilla, las pequeñas salas de clase, el comedor, los talleres, las cabañas, y otros edificios agrupados alrededor de la granja, proporcionan las instalaciones de la escuela. Nuestras instalaciones son, por regla general, más sencillas que las que muchos de ustedes tienen en sus propios hogares. ¿Cuál es el resultado? Veintenas de alumnos de esta planta han captado una visión, y han reconocido la posibilidad de construir una escuela con medios limitados. Como resultado, más de treinta pequeños centros están proveyendo educación a centenares de niños fuera de la iglesia; si estos mismos estudiantes hubieran recibido su preparación en una escuela bien equipada y costosa, sin duda el número de escuelas comenzadas sería considerablemente menor.

Repetimos, la persona corriente, cuando piensa en un sanatorio tiene en su mente una de nuestras grandes instituciones con todas las comodidades modernas. Ustedes tienen ante sí un sanatorio pequeño, que consiste en tres edificios de madera, de un piso, conectados por pasillos cubiertos, equipados tan sencillamente que pueden ser duplicados en casi cualquier misión. Ustedes han visto este sanatorio lleno de pacientes, y una lista de personas que esperan admisión. Muchos han visto que sus ideas sufrieron una revolución por este pequeño sanatorio, y varios hogares de salud están llegando a la existencia para ser administrados sobre planes similares.

Citamos estas dos ilustraciones para mostrar que los efectos sobre las mentes de los estudiantes de los edificios y equipos circundantes están más allá de los cálculos. La luz fue dada a los protestantes antes de 1844 para guiarlos en la erección de edificios, equipos y mobiliario; en la dieta, la vestimenta y el ambiente, de modo que un gran ejército pueda, de una manera sencilla, rodear la tierra con ese mensaje poderoso, el clamor de medianoche.

EDUCACIÓN MANUAL Y LO PRÁCTICO EN EDUCACIÓN

Los tiempos demandan una educación que produzca hombres y mujeres eficaces. El sistema papal divorcia el aprendizaje del hacer, y descalifica a los hombres y las mujeres para dar la amonestación final al mundo. Dios sacudió a cada denominación, antes de 1844, para que pongan en práctica la educación cristiana al alcance de los jóvenes.

> "Si durante las generaciones pasadas se hubiera seguido, en cuanto a educación, un plan completamente distinto, la juventud de esta generación no sería ahora tan depravada e inútil… Debieran haberse tomado medidas, en las generaciones pasadas, para una obra educacional en mayor escala. Los colegios debieran haber tenido establecimientos agrícolas y fabriles, como también maestros de economía doméstica… Si las escuelas se hubiesen establecido de acuerdo con el plan que hemos mencionado, no habría ahora tantas mentes desequilibradas… Me he sentido movida a preguntar: ¿Debe sacrificarse todo lo que es de valor en nuestra juventud con el fin de darle una educación escolar? Si hubiese habido establecimientos agrícolas e industriales unidos a nuestras escuelas, y se hubiese empleado a maestros competentes para educar a los jóvenes en los diversos ramos de estudio y de trabajo, dedicando parte del tiempo diariamente al mejoramiento intelectual

y parte al trabajo físico, habría ahora una clase más elevada de jóvenes activos y de influencia en el amoldamiento de la sociedad. Muchos de los jóvenes que se graduaran en tales instituciones saldrían con estabilidad de carácter. Tendrían perseverancia, entereza y valor para sobreponerse a los obstáculos, y tales principios que no los desviaría una mala influencia, por popular que fuera. Debería haber habido maestras expertas para dar lecciones a las jóvenes en el departamento culinario. A las niñas se les debería haber enseñado a confeccionar ropas, a cortar, a hacer y remendar prendas de vestir, para que llegaran así a estar preparadas para desempeñar los deberes y las obligaciones prácticas de la vida" (*La educación cristiana,* pp. 20, 31-34).

Jefferson, como podríamos esperar, captó una vislumbre de esta fase importante de la educación, e hizo un intento de ponerla en práctica en la Universidad de Virginia.

"Él propuso lo que llamó una 'Escuela de Filosofía Técnica'… A tal escuela vendría el marinero, el carpintero, el carpintero de barcos, el fabricante de bombas, el relojero, el mecánico, el óptico, el fundidor, el carnicero… el fabricante de jabón, el curtidor, el purificador de sal, el vidriero, para aprender tanto como fuera necesario para seguir su arte con entendimiento… En esta escuela de tecnología, Jefferson proponía agrupar a los alumnos en clases convenientes para la instrucción elemental y práctica con conferencias, que se darían por las noches, a fin de darles oportunidad para trabajar durante el día" (*Thomas Jefferson and the University of Virginia,* p. 84).

Se cita a Jefferson diciendo, "Ninguna nación sobrevivirá a la decadencia de su agricultura" (Samuel H. Comings, *Pagan vs. Christian Civilizations,* p. 43).

La "Sociedad para la Promoción de la Labor Manual en Instituciones Literarias" se formó en Nueva York en 1831 "con fácilmente una veintena de nombres eminentes entre sus dirigentes".

"Se dio un tremendo impulso al movimiento con la publicación en 1833, del famoso panfleto de Theodore D. Welds sobre el trabajo manual, bajo los auspicios de [la sociedad]… Contenía el testimonio de centenares de hombres notables, todos con el sentido de que esta panacea sin lugar a dudas era poderosa para sanar… Su informe… produjo, al publicarse, una de las sensaciones de la época" (*The Story of Oberlin,* pp. 230, 130).

El trabajo manual en Oberlin:—Oberlin estuvo entre las escuelas de este período que se puso en las manos de Dios para ser usada en dar educación práctica a centenares y miles de jóvenes que más tarde serían llamados a hacer un servicio vigoroso para el Maestro. El historiador de

Oberlin afirma que cerca del tiempo cuando comenzó esa escuela, había "un despertar intelectual muy extendido, incluyendo reformas radicales en los métodos de educación". El Sr. Shipherd, uno de los fundadores de Oberlin, deseaba estar en armonía con el plan divino de educación, y dijo,

> "Centenares de jóvenes promisorios serán educados sin duda para el servicio de Dios, o no lo serán, [dependiendo de] si les proveemos o no los medios de una educación completa por su propia industria y economía" (*Oberlin: The Colony and the College*, p. 321).

En el primer informe anual de Oberlin, publicado en 1834, leemos: "El departamento de trabajo manual se considera indispensable para una educación completa" (*The Story of Oberlin*, p. 224). El historiador declara,

> "El trabajo honesto sería honrado, el más rico y el más pobre se encontrarían diariamente en un nivel común, la salud de todos quedaría asegurada, y un estímulo mágico se impartiría tanto a las mentes como a la moral; pero lo mejor de todo, y lo más seguro, es que cualquiera de ambos sexos que obtuviera una educación podría pagar fácilmente sus gastos con el trabajo de sus propias manos" (*Íd.*).

El historiador dice respecto del departamento industrial de Oberlin:

> "Está equipado con una caldera a vapor que impulsa una sierra para madera, un molino de granos, una sierra para tejas de madera y tablas y torno, a las cuales se agregarán otras máquinas. Se ha levantado un taller con sus herramientas, y se añadirán otros más" (*Íd.*).

> "El trabajo manual estaba entre los elementos más indispensables para la idea de Oberlin. Nada hizo más para el establecimiento y la ampliación de Oberlin. Por una media generación multitudes de estudiantes fueron traídos de toda la región, que de otro modo nunca hubieran entrado en sus aulas; y más todavía, con toda probabilidad, nunca hubieran obtenido una educación" (*Ibíd.*, pp. 100, 101).

Uno de los fundadores de Oberlin escribió en 1833:

> "Se establecerá un departamento femenino sobre el plan del trabajo manual, incluyendo la atención del hogar, fabricación de lana, cultivo de la seda, las partes apropiadas de jardinería, específicamente la preparación de semillas para el mercado, la fabricación de ropa, etc." (*Ibíd.*, pp. 225, 226).

De hecho, el propósito de Oberlin, como se publicó en su primera circular y en su primer catálogo [1834], se dice que es,

> "dar la educación más *útil* con el menor costo de salud, tiempo y dinero; extender el beneficio de tal educación a ambos sexos y a todas las clases de la comunidad... La total 'calificación de los maestros cristianos, tanto para el púlpito como para las escuelas'... 'la difu-

sión de ciencias útiles, una moralidad sólida, y religión pura entre las multitudes crecientes en el Valle del Mississippi, y para los millones de necesitados que existen por el mundo, por medio de ministros y 'maestros de escuela piadosos'" (*Ibíd.*, p. 161).

"Los alumnos estudian y trabajan bien. Cinco minutos después que llama la campana para el trabajo manual, se despiertan los martillos y las sierras de los estudiantes de mecánica todo alrededor nuestro" (*Ibíd.*, p. 224).

Después de enumerar las ventajas del trabajo manual, añade:

"En una palabra, atiende las necesidades del hombre como un ser complejo, y evita la pérdida de tiempo, dinero, salud y vida comunes y sorprendentes" (*Íd.*).

Numerosas instituciones de trabajo manual:—

"En todo esto, Oberlin no fue original en lo más mínimo, sino meramente copió, con ligeras modificaciones, lo que se había de encontrar en numerosas instituciones por todos los estados del este, el centro y el oeste. En 1830 se podían contar diez que tenían agregados de trabajo manual, mientras durante la década siguiente, se añadieron varias veintenas a ese número. Maine Wesleyan era famosa en sus días y estuvo entre las primeras, mientras Bowdoin, Waterville, y el Seminario Bangor poseían esas ventajas. En Dexter, Maine, no solo todos los estudiantes sino también los profesores debían trabajar por lo menos cuatro horas cada día. Massachusetts tenía por lo menos media docena… Nueva York era favorecida por varias, siendo destacado el Instituto Oneida, y el Instituto de Educación Práctica de Rochester, en el que los estudiantes de habilidades mecánicas ordinarias mientras aprendían un oficio podían pagar su alojamiento, y se calculaba que cuando se proveyeran ciertas instalaciones, podrían pagar todos sus costos. También Pennsylvania tenía una buena provisión. En el Colegio Lafayette, en Easton, el presidente Jenkins y los estudiantes realizaron la tarea de levantar un edificio de dos plantas… En el oeste, donde la gente era más pobre y la tierra más barata, el trabajo manual era más popular. Hudson (Ohio) tenía talleres y una granja; Marietta y el Seminario Lane lo mismo, con por lo menos muchos más. Michigan avanzó en este gran asunto mientras todavía era territorio, como también lo fueron Indiana, Illinois, Kentucky, Tennessee, que no era retrasados en lo más mínimo en ministrar a los músculos de la clase estudiantil" (*Ibíd.*, pp. 229-230).

"Las sociedades educacionales de todas las denominaciones principales eran participantes activas, fueran bautistas, congregacionales, episcopales, metodistas o presbiterianas, y la mayoría de los educadores principales estaban llenos de entusiasmo y celo... El secretario episcopal pudo exclamar: 'Casi podemos envidiar a nuestros sucesores en el curso académico, cuando algo del vigor de los padres se encuentre en los trabajadores intelectuales de este día, y la pálida coloración de la dispepsia deje de ser el testimonio uniforme de una vida de estudio'" (*Ibíd.*, p. 230).

El Dr. Lindsley, fundador de la Universidad de Nashville, ahora el Instituto Peabody, era un defensor del trabajo manual.

"[Él] hubiera agregado a las escuelas de todos los grados, granjas y talleres. Estas granjas y talleres habrían servido un propósito triple. Habrían provisto el ejercicio necesario, serían útiles en enseñar oficios, y habrían dado a los muchachos pobres una oportunidad de ganarse la vida" (*Higher Education in Tennessee*, p. 30).

El Colegio Emory y Henry, en 1835, era

"un colegio de trabajo manual, una institución de aprendizaje en la que los alumnos serían adiestrados para trabajar como también para pensar. Esta característica del trabajo manual era muy destacada en la empresa... Esta característica se destacó en estos movimientos incipientes, porque la institución fue levantada por un pueblo ocupado casi totalmente en la agricultura y las artes mecánicas, un pueblo entre muchos de los cuales había un prejuicio contra una raza ilustrada y perezosa (*Thomas Jefferson and the University of Virginia*, p. 253).

El adiestramiento manual en las escuelas bautistas:—

"En 1830, unos pocos hombres consagrados se reunieron en la Segunda Iglesia Bautista a las cinco de la mañana, para diseñar y proponer un plan para el progreso de los jóvenes que, a juicio de las iglesias, fueran llamados a la obra del ministerio... Organizaron la Sociedad Educacional Bautista de Virginia, y durante dos años ayudaron a jóvenes aprobados poniéndolos en escuelas privadas... En 1832, la sociedad compró la Granja Spring... abrieron una escuela de trabajo manual, llamado el Seminario Bautista de Virginia... El número de los estudiantes sumó veintiséis, unos dos tercios de ellos se preparaban para el ministerio... A esta compra de nueve acres [3,6 hectáreas] se añadieron seis más [2,4 hectáreas] en 1836... La intención de añadir más era para dar mayor amplitud al área de trabajo manual de la escuela. Sobre esto las autoridades insistieron vigorosamente pues daban la oportunidad a los necesitados de ayudarse financieramente, y a todos, ejercicio. Pero resultó impopular entre los estudiantes... Y finalmente leemos en el informe de 1841, que esta característica... había sido virtualmente abandonada" (*Ibíd.*, p. 271).

Los bautistas de Georgia fundaron en 1833 la Universidad Mercier, una escuela

> "que uniría la labor agrícola con el estudio, y estaría abierta a solo los que se prepararan para el ministerio. La idea de fundar una escuela de trabajo manual donde se pudieran enseñar la teoría y la práctica, un plan que gozaba de mucho favor entre los bautistas de Georgia, parece haberse originado con el Dr. Sherwood, quien fue el primero en demostrar su factibilidad en la academia que él estableció cerca de Eatonton en el condado de Putnam" (*Education in Georgia*, p. 61).

Podríamos multiplicar datos históricos con respecto a las escuelas de trabajo manual durante esta notable reforma educacional que precedió a 1844. Los ejemplos dados son típicos de las experiencias de más de sesenta escuelas de adiestramiento manual de este período. Para los reformadores educacionales adventistas del séptimo día, estas experiencias son emocionantes. ¿Cuáles hubieran sido los resultados si los hombres responsables por estas reformas tempranas [hubieran soportado] las presiones que pusieron sobre ellos los hermanos dirigentes de sus respectivas denominaciones? Esta oposición fue muy difícil de afrontar, pero el fracaso de la causa fue realmente debido a la falta de valor y devoción a estos principios, porque donde hay coraje y amor intensos por la obra de Dios, la oposición solo fortalece a los reformadores. Los adventistas saben que los ángeles estuvieron ocupados por todas partes estimulando estas reformas. Es sorprendente el hecho de que estas escuelas abandonaron sus posiciones sobre la reforma del trabajo manual aproximadamente cuando llegaba el tiempo del clamor de medianoche. Si hubieran permanecido fieles, la historia hubiera sido diferente. La historia de la obra educacional adventista del séptimo día también habría sido diferente.

Si Oberlin, por ejemplo, hubiera permanecido fiel a su idea del trabajo manual, sus obreros misioneros, yendo como lo hicieron, a los montañeses del sur y a los libertos del sur, hubieran cambiado todo el rostro de la historia sureña. Hubiera puesto a los estados sureños cuarenta años más delante de su tiempo.

> Pero, "porque los hombres no comprendieron el propósito de Dios en los planes puestos delante de nosotros para la educación de obreros, se siguieron métodos en algunas de nuestras escuelas que retardaron en lugar de adelantar la obra de Dios. Pasaron años a la eternidad con resultados pequeños que podrían haber mostrado la realización de una gran obra" ("The Madison School", p. 29).

Ventajas del trabajo manual:—

> "Los estudiantes fueron divididos en pequeños grupos de ocho a diez cada uno, y cada grupo fue puesto bajo la supervisión de uno de los estudiantes mayores… Quebraba la monotonía de la vida estudiantil ordinaria; promovía la salud y la vivacidad de espíritu; en las horas en el trabajo en el campo o el bosque, se encontraba no solo alivio del estudio sino una gran variedad de incidentes, [de tal modo] que los estudiantes de aquellos días encontraban más motivos de un gozo sano que otros desde entonces… Todos los días, con la excepción de los estudiantes que venían por el día, se reunían en una sala común, donde por la práctica de la economía y con la ayuda de la granja, cada año se lograba un excedente variable que se aplicaba a realizar mejoras" (*Thomas Jefferson and the University of Virginia*, pp. 253-255).

El trabajo manual como una parte del currículo de esas escuelas para preparar ministros y obreros misioneros, es una parte de la "ciencia de la verdadera educación" que Dios dio a conocer a algunos hombres y mujeres antes del año 1844. Era una de las maneras de Dios para preparar misioneros para el campo misional del mundo. A pesar del hecho de que prácticamente cada denominación protestante tuvo alguna experiencia en dirigir escuelas de educación manual, estas denominaciones en general se opusieron a la idea, y su oposición persistente finalmente forzó a las escuelas que habían iniciado la reforma a cerrar sus departamentos de trabajo manual. El cierre de los departamentos de trabajo manual es una señal del retorno al sistema educacional de la Europa medieval. Comenzaron a preparar mundanos en lugar de cristianos. Aquí reside uno de los errores más grandes de las denominaciones protestantes antes del año 1844. Aquí está una de las razones de por qué no estuvieron preparadas para el clamor de medianoche y el mensaje del primer ángel. Estos hombres se refirieron al trabajo manual conectado con la educación como "una panacea poderosa para sanar". La escuela de preparación para obreros cristianos que perdió esa "panacea" llegó a estar espiritualmente enferma, y dejó de defender las reformas educacionales cristianas. Se llama "un impulso misionero" que por medio del trabajo manual "hizo posible que los muchachos y las niñas más pobres pudieran obtener una educación, y así ampliar su adecuación para realizar las tareas de la vida".

El fruto de Oberlin:—Dios recompensó ricamente a esta escuela por su adhesión a la verdad y por el producto de sus labores, a pesar del hecho de que finalmente fue forzada a ceder. De Oberlin se dijo,

> "Aunque el nombre mismo fue temido y odiado, no obstante hubo amigos suficientes para desear y solicitar más maestros que los que

había. La calidad de su trabajo fue tan excelente que era sabio tragarse mucho prejuicio a fin de obtener los beneficios de su instrucción… Un año… no menos de 530 maestros salieron para su vocación… ¿Quién puede medir el beneficio ejercido por estos grandes grupos de hombres y mujeres de corazón serio quienes, por más de una generación, gastaron sus energías con niños y jóvenes por decenas de miles… Oberlin es la madre fructífera de colegios. Olivet College, Tabor College, Benzonia College, Berea College, Fisk University, Talladega College, Atlanta University, Straight University, Instituto Emerson, Howard University, y otras escuelas y emprendimientos absorbieron por muchos años la actividad misionera de los hombres y mujeres de Oberlin" (*The Story of Oberlin*, pp. 320, 321).

Sus estudiantes entraron a "campos extranjeros como Turquía en Europa y Asia, India, Siam, América del sur, Haití y Birmania" (*Oberlin: The Colony and the College*, p. 341).

Los estudiantes pueden ver fácilmente por este breve esbozo, cuán extendida pudo haber sido la influencia de Oberlin si hubiese permanecido fiel a su reforma. Las palabras dirigidas a los reformadores educacionales adventistas del séptimo día se aplican con igual fuerza a los fundadores de Oberlin.

"Los reformadores se vieron estorbados y algunos cesaron de pedir reformas. Parecieron incapaces de detener la corriente de duda y crítica" (*Testimonios para la iglesia*, t. 6, p. 147).

Oposición:—Los estudiantes estarán interesados en unas pocas declaraciones que muestran la declinación de estas mismas instituciones bajo la atmósfera insalubre de las sospechas, las críticas, y la oposición de los líderes. Oberlin resistió la oposición por más tiempo y con más éxito que la mayoría de las otras escuelas. Los siguientes extractos dan al lector un cuadro de la duda y las críticas arrojadas contra las reformas de Oberlin por los líderes de las iglesias presbiterianas y congregacionales.

"El trabajo manual, por ejemplo, tuvo muchos amigos y admiradores, pero un gran número miraba con desconfianza la idea. Los estudiantes no necesitaban, ni podían darse el lujo, de afanarse por cuatro horas en la granja o el taller. Ni los resultados financieros probablemente eran de valor considerable, ya sea para ellos o para la institución a la que pertenecían. [Así decían los críticos.] De este modo, hubo cabezas en Nueva Inglaterra y en otras partes que comenzaron a sacudirse" (*The Story of Oberlin*, pp. 243-247).

Otra vez,

"Tengo algunas dudas acerca del proyecto comenzado últimamente en esta región, y que hace demandas no pequeñas en nuestro respecto como una empresa de benevolencia. Me refiero a Oberlin, para la cual se han recibido y recolectado grandes sumas de dinero. ¿Qué necesidad hay de otra universidad o colegio en los bosques de Ohio, rodeada por otras instituciones a corta distancia, que todavía luchan para subsistir?... Se dice que es para dar trabajo manual, pero también lo hace Hudson... ¿Por qué debería importunarse a los estudiantes para que dejen la institución donde están para ir a Oberlin?" (*Ibíd.*, p. 247).

Ceder a la oposición:—

"Después del comienzo de la década de 1840, escuchamos muy poco del trabajo manual. Con el aumento general de la riqueza había menos necesidad del valor pecuniario que tuviera. Las conciencias de los buenos eran menos escrupulosas en cuanto a buscar el ejercicio aparte del trabajo útil, y los gimnasios y el atletismo modernos pronto comenzaron a hacer una provisión más que adecuada para el bienestar físico del mundo" (*Ibíd.,* p. 231).

Note el año en que ocurrió esta declinación. La Universidad Mercier, referida arriba, tuvo esta experiencia:

"En 1844, el sistema de trabajo manual que había estado a prueba desde la fundación del Instituto en 1833, fue abandonado, habiendo probado que era ineficaz. Varios otros intentos se hicieron durante la misma década para establecer escuelas de trabajo manual en diferentes lugares que con una sola excepción fracasaron igualmente" (*Education in Georgia*, p. 65).

¿Captan los adventistas del séptimo día la significación de esta fecha? Dios no puede soportar para siempre la incredulidad, los esfuerzos a medias, y el juego frío e indiferente con los principios divinos.

"Si todos los que habían trabajado unidos en la obra de 1844 hubiesen recibido el mensaje del tercer ángel, y lo hubiesen proclamado en el poder del Espíritu Santo, el Señor habría actuado poderosamente por los esfuerzos de ellos. Raudales de luz habrían sido derramados sobre el mundo. Años haría que los habitantes de la tierra habrían sido avisados, la obra final se habría consumado, y Cristo habría venido para redimir a su pueblo. No era la voluntad de Dios que Israel peregrinase durante cuarenta años en el desierto; lo que él quería era conducirlo a la tierra de Canaán... Asimismo, no era la voluntad de Dios que la venida de Cristo se dilatara tanto" (*El conflicto de los siglos,* p. 511).

El trabajo manual es desplazado por el atletismo, los deportes y los juegos

Ninguna escuela puede mantener con éxito materias de trabajo manual en su currículo al mismo nivel que otros estudios, a menos que tanto los profesores como los alumnos reconozcan el propósito de Dios para tal formación práctica. Y cuando se reconoce el propósito, el amor, el interés y el entusiasmo generados por una educación para hacer cosas útiles trae más gozo y placer al estudiante que los que jamás podrían proveer los sustitutos del trabajo manual como los deportes y los juegos.

"El ejercicio físico fue señalado por el Dios de sabiduría. Algunas horas cada día debieran dedicarse a la educación útil en líneas de trabajo que ayudarán a los estudiantes a aprender los deberes de la vida práctica, que son esenciales para todos nuestros jóvenes. Pero esto ha sido abandonado, y se introdujeron entretenimientos, que sencillamente producen ejercicio, sin ser una bendición especial en hacer acciones buenas y rectas, que es la educación y preparación esencial… El tiempo empleado en ejercicios físicos, que paso a paso, conducen al exceso, a la intensidad de los juegos y el ejercicio de las facultades, deberían ser usados en las líneas de Cristo, y la bendición de Dios descansaría sobre ellos al hacerlo… El estudio diligente es esencial… La influencia ha estado creciendo entre los estudiantes en su devoción a los entretenimientos, a un poder fascinador y hechicero, a contrarrestar la influencia de la verdad sobre la mente y el carácter humanos. ¡Qué fuerzas se ponen en vuestros juegos de fútbol [americano] y vuestras otras invenciones según el camino de los gentiles, ejercicios que no bendicen a ninguno!... No puedo encontrar un solo caso en la vida de Cristo donde dedicara tiempo al juego y el entretenimiento" (Elena G. de White, *Special Testimonies on Education*, pp. 190, 191).

Es fácil determinar el sistema de educación en la operación de cualquier escuela de preparación. Los estudiantes que gozan más en los juegos y deportes que en el trabajo útil han elegido ciertamente un sistema de educación que les dará poca ayuda en prepararse para entrar en los lugares difíciles del mundo, o de prepararse para la lluvia tardía.

Ya hemos notado que la oposición al trabajo útil en Oberlin produjo este cambio. "El gimnasio moderno y el atletismo pronto comenzaron a hacer una provisión más que adecuada para el bienestar del mundo estudiantil". Gradualmente, "Oberlin introdujo el béisbol moderno, el fútbol y el atletismo en general" (*The Story of Oberlin*, pp. 231, 407), pero "el gimnasio hizo su entrada lentamente en Oberlin, porque parecía ser inconsistente con la idea del trabajo manual" (*Oberlin: The Colony and the College*, p. 262. Todo esto está en armonía con la declaración con respecto a los gimnasios: "Fueron introducidos para suplir la falta de adiestramiento físico útil, y ha llegado a ser popular en las instituciones educativas" (*Christian Education*, p. 211).

Antes del fin, todas las escuelas de preparación que estén quebrando "los yugos mundanos de los cuellos de sus estudiantes", y estén llevando a sus alumnos a estar "en línea con la educación verdadera", para que puedan "llevar el mensaje de la verdad presente en toda su plenitud a otros países" ["The Madison School", p. 30] verán que todos estos sustitutos, tales como el fútbol, béisbol, etc., son remplazados por las artes y los oficios genuinos y útiles.

EL GOBIERNO PROPIO DE LOS ALUMNOS
Y LA DEMOCRACIA CRISTIANA

El sistema papal de educación y otros sistemas derivados de él al final destruyen la individualidad, la originalidad y la independencia de pensamiento y acción del estudiante. Los promotores de este sistema tienen la intención de destruir estos elementos vitales del carácter a fin de hacer del individuo un siervo dispuesto, ciego y obediente a los mandatos de los hombres. El papado no puede prosperar a menos que destruya estas facultades del hombre que son más similares a las de Dios. La individualidad, la originalidad y la independencia de pensamiento y acción se desarrollan en la educación cristiana. Este sistema tiene la intención de desarrollar mentes capaces de ser guiadas por el Espíritu Santo, aunque ese camino parezca a veces ser diametralmente opuesto a las determinaciones humanas. Aprenden a recibir sus órdenes del Capitán del ejército del Señor cuya mano está entre las ruedas de los asuntos de los hombres para evitar la confusión, la anarquía y la desobediencia a cualquier organización que está basada sobre principios correctos.

Dios estaba preparando un grupo que pudiera ser guiado completamente por su Espíritu al dar el clamor de medianoche. Solo los que estaban preparados para tomar la iniciativa, para gobernarse a sí mismos, se atreverían a separarse —en base al llamado de Dios— de los errores y las costumbres de Roma que se encuentran en las iglesias protestantes.

"'El clamor de medianoche' fue anunciado por miles de creyentes. Como marea creciente, el movimiento se extendió por el país... El fanatismo desapareció ante esta proclamación como helada temprana ante el sol naciente... Todos son de un corazón y de una mente... Ocasionó un gran desapego de las cosas de este mundo, hizo cesar las controversias y animosidades, e impulsó a confesar los malos procederes... Fueron enviados ángeles del cielo para despertar a los que se habían desanimado, y para prepararlos a recibir el mensaje... No fueron los de mayor talento, sino los más humildes y piadosos, los que oyeron y obedecieron primero al llamamiento. Los campesinos abandonaban sus cosechas en los campos, los artesanos dejaban sus herramientas y con lágrimas y gozo iban a pregonar el aviso. Los que anteriormente habían encabezado la causa fueron los últimos en unirse a este movimiento. Las iglesias en general cerraron sus puertas a este mensaje, y muchos de los que lo aceptaron se separaron de sus congregaciones... Iba acompañado de un poder que movía e impulsaba el alma" (*El conflicto de los siglos*, pp. 451-454).

No se requiere un pensamiento profundo para descubrir la causa del fracaso del sistema educacional de las denominaciones protestantes en preparar hombres y mujeres para participar del clamor de medianoche. Todo el plan de educación de esa era, aparte del movimiento de reforma que mayormente había sido quebrantado por la presión de los líderes de las iglesias populares, fue hacer que los hombres fueran conservadores, temerosos de abandonar los caminos de acción bien transitados, y por supuesto "las iglesias en general cerraron sus puertas contra este mensaje". Los maestros y predicadores protestantes, en armonía con el papado, por años habían atado las mentes de los estudiantes y de los miembros de iglesia a credos, tanto en educación como en religión, hasta que sus adherentes eran gobernados por la tradición, el prejuicio, el fanatismo, y el temor a sus líderes. Ellos habían perdido su amor y el poder del auto gobierno. En consecuencia, Dios no podía guiarlos con su Espíritu, su organización fue rechazada; ellos habían caído moralmente; el segundo ángel los llamó Babilonia. Por otro lado, unas pocas escuelas dedicadas, algunos reformadores y ministros, habían preparado un pequeño grupo que apreciaba el privilegio de ser gobernados por el Espíritu de Dios como se revela en su Palabra. Habían practicado lo que se les había enseñado en el auto gobierno, hasta que estuvieron dispuestos a seguir la conducción del Espíritu. Esto muestra que el auto gobierno no significa hacer lo que a uno le plazca; significa que el yo será gobernado por la Palabra de Dios. Aunque este grupo fue expulsado de las organizaciones eclesiásticas, a la vez que abandonaban sus cosechas, sus herramientas y sus empleos anteriores de todas clases para participar en lo que parecía un movimiento fanático a aquellos que no habían aprendido el auto gobierno, no obstante de ese grupo surgió la maravillosa iglesia adventista del séptimo día. Y esta iglesia está llamada a presentar delante del mundo un sistema de escuelas, instituciones y organizaciones de cristianos auto gobernados, tales como el mundo nunca ha visto antes.

El carácter capaz de llevar el clamor de medianoche tenía que ser desarrollado en las escuelas cristianas de trabajo manual, o en la escuela de los senderos comunes de la vida. El líder de este movimiento, William Miller, "el profeta agricultor", como Cristo y Juan el Bautista, fue educado en esta última. Su biógrafo, un hombre bien calificado para juzgar el valor del sistema educacional popular en las iglesias, escribió:

"¿Cuál habría sido el efecto de lo que se llamó un curso regular de educación? ¿Lo habría pervertido a él, como a millares? ¿O lo habría hecho un instrumento de mayor bien en la causa de Dios? ¿Hubiera ella realizado su obra apropiada, la de disciplinar, ensanchar, y equipar a la mente, dejando intacto el proceso de sus energías naturales, su sentido de dependencia y responsabilidad ante Dios? ¿O lo habría puesto en las apiñadas filas de aquellos que se conforman con compartir el honor de repetir los disparates, verdaderos o falsos, que pasan por ser verdades en la escuela o secta que los ha hecho lo que son? Pensamos que hubiera sido difícil pervertirlo, pero donde tantos que han sido considerados prometedores han sido arruinados por la operación, él habría estado en grave peligro. Podría haber llegado a ser externamente un sujeto mejor para el artista; *pero dudamos que hubiera sido un mejor sujeto para ser un instrumento de la Providencia.* Hay quienes sobreviven el curso regular sin perjudicarse; hay quienes son beneficiados por él hasta el punto de elevarse al mismo nivel de la gente de capacidad ordinaria, que no nunca podrían lograr sin ayuda especial. Y hay una tercera clase, quienes son una representación estereotipada de lo que el curso los convierte; si elevan a un compañero del pantano, nunca lo ponen más cerca del cielo que la escuela donde fueron educados. Cualquiera haya sido el resultado de cualquier curso establecido de educación, en el caso de William Miller, tal curso estaba más allá de su alcance; él fue privado del beneficio, él escapó de la perversión" (James S. White, *Sketches of the Christian Life and Public Labors of William Miller*, pp. 15, 16).

Este era el tal William Miller, "el profeta agricultor", quien más tarde llevó el mensaje del primer ángel a Oberlin. La futilidad de depender de hombres que no han sido adiestrados para el auto gobierno se ha visto en la experiencia del clamor de medianoche. Cada adventista del séptimo día está acercándose a su prueba, así como las iglesias protestantes se acercaban a la de ellas en 1844. La nuestra vendrá con el fuerte pregón, la lluvia tardía. Aquellos a quienes les falta la preparación para el gobierno propio, los que no son capaces de depender de sus propios esfuerzos para sostenerse, los que no hacen de la Biblia la base de su estudio, y la fisiología la base de cada esfuerzo educacional, todos aquellos que, en otras palabras, "no comprenden la ciencia de la verdadera educación" no tendrán parte en el reino de Dios ni en el fuerte pregón.

El carácter necesario para el fuerte pregón es similar al del clamor de medianoche:—

> "Será proclamado el mensaje del tercer ángel. Cuando llegue el tiempo de hacerlo con el mayor poder, el Señor obrará por conducto de humildes instrumentos, dirigiendo el espíritu de los que se consagren a su servicio. Los obreros serán calificados más bien por la unción de su Espíritu que por la educación en institutos de enseñanza. Habrá hombres de fe y de oración que se sentirán impelidos a declarar con santo entusiasmo las palabras que Dios les inspire" (*El conflicto de los siglos*, p. 664).

Las escuelas jesuitas enseñaron a sus estudiantes la obediencia ciega. No se requería que el estudiante fuera a Dios por sabiduría en cuanto a su conducta. Su maestro asumía esa responsabilidad. El verdadero gobierno propio, que puede definirse como llevar la conducta de uno a la armonía con los principios divinos como están expresados en su Palabra, era absolutamente descuidado. Los terribles efectos del sistema papal de disciplina escolar se vieron durante el mensaje del primer ángel. Aquellos estudiantes que siguieron ciegamente a sus maestros antes que a los principios de Dios quedaron atados a costumbres, tradiciones, organizaciones y líderes en un momento en que el Espíritu de Dios estaba llamándolos a seguir la verdad. Como una preparación para el fuerte pregón, se nos dice,

> "El plan de las escuelas que estableceremos en estos años finales de la obra ha de ser de un orden completamente diferente de los que hemos instituido" ("The Madison School", p. 28).

> "El objeto de la disciplina es educar al niño para que se gobierne solo" (Elena G. de White, *La educación*, p. 287).

> "No habiendo aprendido jamás a gobernarse, el joven no reconoce otra sujeción fuera de la impuesta por sus padres o su maestro. Desaparecida ésta, no sabe cómo usar su libertad, y a menudo se entrega a excesos que dan como resultado la ruina" (*Ibíd.*, 288).

"No debería hacérsele sentir que no pueden salir o entrar sin que se los vigile" (*Ibíd.*, p. 289).

"Hágase sentir a los jóvenes que se les tiene confianza y pocos serán los que no traten de demostrarse dignos de ella... Es mejor pedir que ordenar; así se da oportunidad a la persona a quien uno se dirige de mostrarse fiel a los principios justos. Su obediencia es más bien el resultado de su propia decisión que de la obligación. En todo lo posible, las reglas que rigen en el aula deberían representar la voz de la escuela... De ese modo se sentirá responsable de que se obedezcan las leyes que él mismo ayudó a formular. Las reglas deberían ser poco numerosas pero bien meditadas; y una vez promulgadas, se deberían aplicar" (*Ibíd.*, p. 290).

"Los que desean dominar a otros deben primero dominarse a sí mismos" (*Ibíd.*, p. 292).

"La cooperación debería ser el espíritu del aula, la ley de la vida... Ayuden los mayores a los menores, los fuertes a los débiles... Esto estimulará el respeto propio y el deseo de ser útil" (*Ibíd.*, pp. 285, 286).

Jefferson, el padre de la democracia, sabiendo que no se enseñaba el gobierno propio en las escuelas de sus días, y que la democracia no puede existir en el país a menos que sus principios sean primero enseñados y practicados en la escuela, introdujo este principio en la Universidad de Virginia.

"Es muy bien conocido que en la Universidad de Virginia existe un notable sistema de gobierno propio de los estudiantes, por el cual se ha mantenido con éxito un elevado espíritu de equipo y una actitud varonil de dependencia propia" (*Thomas Jefferson and the University of Virginia*, p. 94).

Se contrasta el gobierno propio con lo que se llamó "espionaje profesoral".

"El gobierno propio estableció un espíritu franco y bondadoso de cooperación entre el maestro y el alumno. Reprimió toda clase de prácticas deshonrosas de copiar en las recitaciones y los exámenes, y promovió un espíritu de independencia y respeto propio" (*Ídem.*).

Oberlin encontró necesario, en la preparación de la clase correcta de misioneros, el desarrollar un sistema de gobierno propio. En Oberlin,

"El sentimiento democrático, el espíritu de igualdad, la ausencia de clases y castas basada sobre distinciones meramente artificiales, es casi tan notable en la institución como en la aldea... Los docentes... nunca procuraron enseñorearse sobre los alumnos como si ellos fueran superiores, ni insistieron en una muestra específica de homenaje, reverencia o aún respeto… Desempeñaron, en cambio, el papel de hermanos mayores para sus alumnos" (*The Story of Oberlin*, p. 398).

Los títulos eran desconocidos, y los estudiantes se dirigían a sus maestros como "Hermano Finney", o "Hermano Mahan".

> "El auto gobierno era el ideal. Los jóvenes reunidos habían de aprender cómo usar la libertad siendo dejados libres. Un juicio correcto había de ser la fuerza controladora" (*Ibíd.*, p. 409).

> "Cada individuo tenía la plena libertad de hacer lo máximo de sí mismo, y representar exactamente lo que valía en su corazón o su cerebro. Gritos y colores de clases han entrado últimamente, y ocasionalmente sombreros, bastones y cosas similares, en raros intervalos una vestimenta de la clase, pero con el consenso del juicio y buen gusto en contra de cualquier alejamiento de las modas de vestimenta en boga en otras partes de la buena sociedad" (*The Story of Oberlin*, p. 399).

> "Había pocos reglamentos. Nunca se realizó una vigilancia personal estricta. El estudiante había sido mayormente puesto a cargo de su propia responsabilidad, con el entendimiento de que el gozar continuamente de los privilegios de la escuela debe depender de su comportamiento satisfactorio… Nunca se adoptó un sistema de monitoreo. Cada joven informa semanalmente por escrito al profesor a cargo, sus éxitos o fracasos en la realización de sus deberes prescritos. Las niñas informan a la directora de las niñas" (*Oberlin: The Colony and the College*, pp. 263-265).

Esto suena muy similar a lo siguiente:

> "Debe impresionarse a los jóvenes con la idea de que se les tiene confianza… Si los alumnos reciben la impresión de que no pueden ni salir ni entrar, sentarse a la mesa o estar en cualquier lugar, aun en sus habitaciones, a menos que se los vigile, un ojo crítico esté sobre ellos para criticar y delatarlos, esto tendrá la influencia de desmoralizarlos y un pasatiempo no les proporcionará placer. Este conocimiento de una vigilancia continua es más que una tutoría paternal y mucho peor… Esta vigilancia continua no es natural y produce los males que está procurando evitar" (*Conducción del niño*, p. 46).

Horace Mann sobre el gobierno propio:—En aquellos días cuando las denominaciones protestantes estaban fijando su destino eterno, cuando estaban decidiendo si escucharían el mensaje del juicio universal, y se prepararían para el clamor de medianoche, hombres como Horace Mann escribió: "Uno de los más elevados y más valiosos objetivos para los cuales la escuela puede ser conducente, consiste en adiestrar a nuestros niños a tener gobierno propio". El Sr. Mann tuvo la siguiente experiencia al tratar con los estudiantes. Les dio a entender a los jóvenes "que buscaba que ellos fueran sus propios policías: y cuando un tutor, que había residido en un dormitorio de varones para mantener el orden, fue cambiado por una docente femenina, él apeló a los alumnos del último año, un día después de la asamblea, para saber si no eran suficientemente fuertes en lo moral para cuidar del edificio sin tal supervisión. Ellos se pusieron de pie simultáneamente, aceptaron el encargo con alegría y confianza, mantuvieron bien su promesa, y trasmitieron ese espíritu a sus sucesores" (*Life and Works of Horace Mann*, t. 1, p. 438).

Sin embargo, el Sr. Mann estaba siempre alerta para ayudar a estos estudiantes que se gobernaban a sí mismos con una palabra de advertencia, o previniéndolos de problemas inminentes. "Era el orgullo y delicia del Sr. Mann desde entonces el caminar por el dormitorio de caballeros a cualquier hora del día o de la noche, y llevar visitantes consigo para convencerlos de que un verdadero espíritu de honor y fidelidad podía evocarse en los jóvenes" en asuntos de gobierno propio. En una ocasión escribió:

"Nuestro dormitorio, casi lleno de estudiantes varones, no tiene tutor ni celador ni supervisor. En las horas de estudio, es tan silencioso como una casa. No tenemos escándalos, no se beben licores embriagantes, no hay juegos de azar o de cartas, y hemos casi llegado al éxito... en eliminar la profanidad y el tabaco" (*Ibíd.*, p. 515).

"Ve a la hormiga, oh perezoso,
mira sus caminos, y sé sabio;
la cual no teniendo capitán, ni gobernador, ni señor,
prepara en el verano su comida,
y recoge en el tiempo de la siega su mantenimiento"-
Proverbios 6:6-8.

PREPARAR MISIONEROS PARA SOSTENERSE A SÍ MISMOS—UN MOVIMIENTO MISIONERO LAICO

Era el plan divino que el clamor de medianoche y el mensaje del tercer ángel fueran llevados a cada nación, tribu, lengua y pueblo. Dios quería un ejército preparado para llevar adelante esta religión práctica a un mundo que había sido educado lejos del evangelio por el sistema de educación pagano y papal.

Hemos visto que la educación cristiana, como la desarrollaron los reformadores educacionales en cada denominación protestante, hicieron posible un poderoso movimiento laico. Podemos entender cómo estos misioneros de sostén propio pudieron rápidamente llevar el mensaje al mundo. Fue el esfuerzo estudiado de Satanás distorsionar este movimiento laico de sostén propio. Logró los resultados que él deseaba, exaltando la literatura mundana a un sitio por encima de la Biblia; dedicando prácticamente todo el tiempo de los alumnos a esfuerzos mentales, y conduciéndolos a despreciar lo práctico en la educación; llevando a una gradual sustitución del trabajo manual con el atletismo, los deportes y los juegos. Satanás está procurando engañar incluso a los elegidos, la iglesia remanente.

Las denominaciones protestantes no pudieron "llevar el mensaje de la verdad presente en toda su plenitud a otros países" porque no "rompieron primero todo yugo" de la educación mundana; no "se alinearon con la educación verdadera"; no educaron para "preparar a un pueblo" a "comprender el mensaje, y luego dar el mensaje al mundo" ("The Madison School", p. 28).

Alumnos y maestros de sostén propio:—

"Los alumnos de estas escuelas [de los profetas] se sostenían con sus propios trabajos de cultivar el suelo o en algún empleo mecánico… Muchos de los maestros religiosos se sostenían con trabajos manuales" (*General Conference Bulletin*, Abril 1, 1898).

"Se deben establecer escuelas fuera de las ciudades, donde los jóvenes aprendan a cultivar el suelo y de este modo no solo se sostengan a sí mismos sino también a la escuela… Hay que reunir medios para el establecimiento de tales escuelas" (*Testimonios para la iglesia*, t. 7, pp. 220, 221).

"La presentación en nuestras escuelas no debería ser ahora lo que fue en el pasado al introducir muchas cosas como esenciales que son de menor importancia" (Elena G. de White, "Words of Encouragement to Self-supporting Workers", *Pamphlet 113*, p. 20 [9 de ene. de 1909]).

"Vuestra escuela ha de ser un ejemplo de cómo el estudio de la Biblia, la educación general, la educación física, y la obra del sanatorio pueden combinarse en muchas escuelas más pequeñas que se establecerán con sencillez en muchos lugares" (Elena G. de White, *The Spalding and Magan Collection*, p. 420 [6 de enero de 1908]).

"Necesitamos escuelas que sean de sostén propio, y esto puede ser si los maestros y los alumnos son ayudadores, industriosos y económicos… Deben hacerse sacrificios en todas partes" ("Words of Encouragemente to Self-supporting Workers", p. 28 [24 de enero 1907]).

Trabajo para los laicos de sostén propio:—

"Pronto llegará el tiempo cuando el pueblo de Dios, por causa de la persecución, será esparcido en muchos países. Aquellos que recibieron una educación bien redondeada tendrán una gran ventaja dondequiera se encuentren" (Elena G. de White, "An Appeal for the Madison School", *Pamphlet 119*, p. 2).

El apóstol Pablo

"ilustró de una manera práctica lo que pueden hacer los laicos consagrados en muchos lugares…Hay un gran campo abierto ante los obreros evangélicos de sostén propio… Recibió del cielo su comisión, y del cielo espera su recompensa cuando haya terminado la obra que se le ha confiado" (Elena G. de White, *Los hechos de los apóstoles*, pp. 292, 293).

Muchos reformadores educacionales antes de 1844 fueron impresionados por el Espíritu de Dios para dar una educación práctica a fin de que sus estudiantes pudieran estar libres para llevar la verdad a cualquier campo al que Dios pudiera llamarlos. Estos reformadores vieron que el sistema educacional en boga en las iglesias protestantes era totalmente inadecuado para preparar a un misionero que se atreviera a llevar una verdad impopular contraria a la voluntad de los líderes de aquellas denominaciones.

"El profesor Finney, del colegio de Oberlin, dijo: 'Hemos podido comprobar el hecho de que en general, las iglesias protestantes de nuestro país han sido o apáticas u hostiles con respecto a casi todas las reformas morales de la época… las *iglesias en general están degenerando de un modo que da pena*. Se han alejado muchísimo de Dios, y él se ha alejado de ellas" (*El conflicto de los siglos*, p. 427).

"Las iglesias en general no aceptaron la amonestación. Sus ministros… no habían aprendido la verdad, fuese por el testimonio de los profetas o por las señales de los tiempos… La circunstancia de ser predicado el mensaje mayormente por laicos, se presentaba como argumento desfavorable… Multitudes que confiaban implícitamente en sus pastores, se negaron a escuchar el aviso" (*Ibíd.*, p. 430).

Este mismo presidente Finney envió centenares de misioneros de sostén propio, y él

"expresó la sentencia asombrosa y radical de que nadie estaba listo para ser un misionero si no estaba dispuesto a ir hacia los Montes Rocallosos con solo una mazorca de maíz en su bolsillo" (*The Oberlin Story*, p. 238).

Este era el espíritu de fe y coraje despertado en los corazones de los estudiantes a quienes se les enseñaba a abrirse paso con el cultivo del suelo.

La Sociedad Norteamericana Educacional era el departamento educacional de la denominación congregacional, y su obra era supervisar todas las instituciones educativas de esa denominación. Oberlin fue establecido por hombres piadosos en la iglesia congregacional que deseaban hacer de su escuela un medio para preparar misioneros congregacionales.

> "Algunos de los candidatos para el ministerio solicitaron ayuda financiera a esa organización... paso que el directorio rehusó considerar, pero más tarde permitió, aunque con renuencia y mala disposición... Oberlin entró en una disputa prolongada con la Sociedad Educacional Norteamericana cuya causa se contenía en ciertas ideas favoritas de los fundadores, notablemente, la que consideraba que el sostén propio era fácil de lograr por medio de las virtudes soberanas del trabajo manual" (*Ibíd.*, pp. 250, 249).

Los esfuerzos de Oberlin de preparar misioneros de sostén propio, fueron atacados por el Hudson College, una escuela congregacional que intentaba dañar la influencia de Oberlin en la denominación. "Aquí había una oportunidad demasiado buena para que Hudson la pasara por alto". En enero de 1837, vino esta crítica injusta de Hudson,

> "Cuando Oberlin comenzó se dijo que los estudiantes se sostendrían a sí mismos, por lo que no necesitaban ayuda. Operó en contra de la Sociedad Educacional, y muchos rehusaron contribuir, así que cuando Oberlin se convenció que su plan era visionario, y buscó ayuda para los estudiantes, el Directorio les pidió que dijeran francamente que Oberlin no era de sostén propio, a fin de eliminar esa idea del público. Esto no se hizo... Lamentamos que no dijeran directamente, 'No somos de sostén propio'. Así que ahora parece que los estudiantes de Oberlin ya no pueden ganar más que los otros, y necesitan la misma ayuda. De este modo el trabajo manual de Oberlin no es mejor que en otras partes" (*Ibíd.,* p. 250).

Oberlin no siempre fue una favorita entre las instituciones hermanas, y "se la hizo aparecer como una molestia en Israel, un ismaelita. Lane y Hudson tenían una queja. Aquí había un intruso, un cazador furtivo en su territorio" (*Ibíd.*, p.150). Sentían eso por "el masivo éxodo de estudiantes que se habían mudado a la escuela del Sr. Shipherd". Los docentes de Lane y Hudson sentían que "en todas las cosas, en tanto que Oberlin era radical, ellos eran conservadores. Sí, Oberlin estaba desbordando de alumnos", y esto a pesar del hecho de que en "Oberlin trabajaron con todas sus fuerzas para restaurar las iglesias a las reglas puramente democráticas de Nueva Inglaterra. Por lo tanto, por la multitud de los buenos, Oberlin fue odiada y expulsada como mala". "Se dice que Oberlin es trabajo manual, pero también lo es Hudson. Se dice que los estudiantes vienen del este, pero ¿por qué habrían de salir de instituciones excelentes, con larga experiencia, ricamente dotadas, y bien dirigidas en los estados más establecidos para obtener una educación en un instituto pobre, y con equipos pobres en la zona desolada de Ohio? ¿Por qué los alumnos debían ser instados a dejar las instituciones donde se encuentran e ir a Oberlin, como entiendo que ha sido el caso en esta región?" (*Ibíd.*, p. 247). Eso decían los críticos de Oberlin.

Los administradores de Oberlin sintieron agudamente estas estocadas de sus propios hermanos que ocupaban cargos directivos. Las acusaciones no eran veraces. Oberlin estaba enviando a centenares de misioneros de sostén propio a los indios, los montañeses del sur, a los libertos, y a otros campos necesitados. Esto impulsó al presidente Mahan a replicar:

> "'Nosotros no nos sentimos llamados a decir o hacer algo. No nos importa si la Sociedad ayuda a nuestros estudiantes o no. Si queremos ayuda podemos obtenerla'. De este modo estigmatizada y expulsada, ¿qué podían hacer Oberlin y sus amigos sino organizar una sociedad educacional propia?... [Oberlin] fue acusada ampliamente por el pecado de división, de ser enemiga de la unión cristiana, de tirar a más no poder para destruir el *statu quo* eclesiástico... Fue al fin la suerte de Oberlin ser expulsada como detestable, y si no fuera por la existencia de la Asociación y otros cuerpos subordinados afiliados a ella, los estudiantes de Oberlin habrían sido incapaces de obtener ya sea una licencia o la ordenación" (*Ibíd.*, pp. 251, 252).

En 1839, la iglesia congregacional puso esta consulta en su revista eclesiástica con respecto a Oberlin:

> "¿Deberían ir allí los jóvenes esperando obtener una educación completa, clásica y teológica? ¿Serían los tales recibidos por las iglesias como pastores o misioneros? ¿Hay alguna obligación de ayudar a Oberlin como está constituida ahora?" (*Ibíd.*, p. 254).

En 1840, dos estudiantes de Oberlin

> "solicitaron una licencia, y su caso fue referido a una comisión, que sin la menor averiguación, sencillamente les preguntaron si creían en las doctrinas enseñadas en Oberlin y su manera de hacer las cosas. Rehusando responder a esa pregunta, esta fue finalmente cambiada a esto: '¿Creen ustedes en general, que Oberlin es una buena institución, o que es una maldición para el mundo?' Ellos entonces confesaron que creían que era buena, y también creían que la comisión pensaría también lo mismo si pasaran una semana allá" (*Ibíd.*, pp. 254, 255).

A los dos estudiantes de Oberlin les rehusaron las licencias.

Luego la Conferencia Congregacional tomó este acuerdo sobre Oberlin: "Consideramos inconveniente para nuestras iglesias emplear misioneros que se saben que acarician las ideas de Oberlin" (*Ibíd.*, pp. 255, 256). En 1841, la Conferencia de Ohio planteó la pregunta: "¿Se considerará válido el bautismo si fuera administrado por un hombre de Oberlin?" (*Ibíd.*, p. 256). El tema fue referido a una comisión que informó:

"Las ideas de Oberlin son excesivamente peligrosas y corruptoras, y estos predicadores no deberían ser recibidos por las iglesias como ministros ortodoxos, ni sus miembros admitidos a la comunión".

"En 1844, la Conferencia General de Nueva York condenó la herejía y censuró la Conferencia de Genessee por tolerarla... El Directorio Norteamericano dio de baja a dos nobles misioneros, Bradley y Casswell en Siam por la misma razón... La convención de Cleveland se realizó este año, pero la conferencia con la que la iglesia de Oberlin estaba conectada no fue invitada a compartir en sus deliberaciones. El Sr. Finney y el presidente Mahan estuvieron presentes, pero una moción de que se los invitara para sentarse como miembros correspondientes fue rechazada por voto, por una mayoría considerable, como testificó uno de los delegados. Pero usaron mucho tiempo para denunciar a Oberlin, y el principal objetivo de la convención pareció ser el destruir su influencia, y excluirla de los límites de la ortodoxia" (*Ibíd.*, pp. 256, 257).

Formación de la Asociación Misionera Norteamericana:—

"Cuando los hombres de Oberlin iban como misioneros al Noroeste, llegó a ser necesario crear la Sociedad Evangélica Misionera del Oeste, para enviarlos y sostenerlos, y cuando comenzaron la obra entre los negros, ya sea en Ohio, Canadá, las Indias Occidentales o el África, se requirieron otras organizaciones, quienes, en 1846 se unieron en la Asociación Misionera Norteamericana, que también por años, en sus operaciones, cubrían el país propio como también los campos extranjeros... Los malos sentimientos que eran muy prevalentes y ampliamente extendidos encontraron expresión frecuente en palabras como estas: Un delegado en la Convención de Cleveland dijo: 'La influencia de Oberlin era peor que la del catolicismo romano'. El presidente de la Universidad de Michigan públicamente declaró que "la teología de Oberlin era casi demoníaca'. Aun otro hermano dijo: 'Hermanos, odio a Oberlin casi tanto como odio la esclavitud, y ustedes saben que odio la esclavitud como odio al diablo'" (*Ibíd.*, pp. 257, 258).

Cuando los estudiantes de Oberlin solicitaron a la Sociedad Educacional Norteamericana, ser enviados como misioneros a los indios, aquéllos contestaron: "No podemos. Ustedes son buenas personas, y les deseamos el bien, pero no lo haremos". En otra ocasión, "el directorio instruyó a uno de sus misioneros que fuera cuidadoso en cómo se asociaría con los hombres de Oberlin en términos de demasiada intimidad, no sea que fuera envenenado por su influencia". Un estudiante de Oberlin solicitó un cargo como ministro en una iglesia congregacional. El cuerpo examinador preguntó: "Si le damos el puesto, ¿permitirá que el presidente Mahan o el profesor Finney de Oberlin prediquen desde su púlpito? Y como él respondió que así haría, se ocupó medio día en considerar si seguirían con el examen. Cuando uno habló de los hermanos de Oberlin, otro dijo: "Ellos no son hermanos, mas bien son extraños" y casi todo el cuerpo simpatizó con esta declaración" (*Ibíd.*, pp. 249, 265).

Se estaba bautizando a Oberlin con fuego. Estas experiencias fueron tomadas, en su mayor parte con un espíritu bondadoso. Ellos se ocupaban de sus propios asuntos, y enviaban una corriente constante de misioneros vivientes, entusiastas, exitosos, que salvaban almas. Ellos estaban comenzando a apreciar la verdad de esta maravillosa declaración respecto de la educación cristiana:

> "Cuando alcanzamos la norma que Dios quiere que alcancemos, los mundanos considerarán a los adventistas del séptimo día como extraños, singulares, extremistas excesivamente estrictos" (Elena G. de White, *Review and Herald,* 9 de enero de 1894).

> "Quiero que vigilen un punto; no sean fácilmente perturbados por lo que otros puedan decir. Sepan que están en lo correcto, y entonces sigan adelante... No se molesten por las opiniones de aquellos que hablan por hablar" (Elena G. de White, *Pamphlet 158*, p. 13 [18 de julio de 1892]).

Recuerden que la Sra. E. G. de White se refirió a la historia de Oberlin cuando la institución estaba pasando por estas experiencias, al decir,

> "Las iglesias en general están degenerando de un modo que da pena. Se han alejado muchísimo de Dios, y él se ha alejado de ellas" (*El conflicto de los siglos*, p. 427).

Si Oberlin hubiera cedido a las demandas de la iglesia; si no hubiera procurado obedecer a Dios aun en medio de dificultades, nunca hubiera realizado lo que hizo. Porque fue frente a estas experiencias que tuvo éxito al poner misioneros entre los libertos más que todos los otros colegios norteamericanos combinados. El espíritu de Dios ayudó a los docentes de Oberlin a reconocer bajo las condiciones de ese tiempo, el principio de la siguiente declaración:

> "No es la voluntad de Dios que la obra en el sur se limite a las líneas regulares, establecidas. Se ha encontrado imposible limitar la obra

a estas líneas, y tener éxito. Obreros llenos diariamente con celo y sabiduría de lo alto deben trabajar como los guíe Dios, no esperando recibir su comisión de los hombres" (Elena G. de White, *The Southern Watchman*, 17 de diciembre de 1903, pár. 14).

Un estudiante de trabajo manual de Oberlin llegó a ser presidente:—La experiencia del Prof. James H. Fairchild, que estuvo conectado con Oberlin por más de sesenta años, primero como estudiante y luego como maestro, da testimonio del hecho de que Oberlin hizo posible que los estudiantes se sostuvieran por sí mismos. El Prof. Fairchild escribe: "Una razón muy obvia para elegir esta institución fueron mis limitaciones financieras". Hablando de sí mismo a los diecisiete años, dice:

"Mis padres podían seguir sin mí en su granja, pero no me podían dar dinero siquiera para los estudios mismos. Oberlin era una escuela de trabajo manual, y mi hermano y yo, tomando juntos el primer curso, fuimos estudiantes de trabajo manual. Al llegar por primera vez fuimos puestos a cargo de la sierra de listones en el taller, cuatro horas por día, a cinco centavos por hora. Esto proveyó para nuestros gastos el primer año. El año siguiente y los demás trabajamos como carpinteros en los edificios del colegio y los hogares en la colonia. Con ese trabajo, reforzado por el salario de enseñar en las vacaciones, pagamos nuestros gastos durante el curso entero, sin ningún sentimiento de necesidad o cansancio, o algún obstáculo en nuestros estudios, o para nuestra preparación general para la obra de la vida" (*The Story of Oberlin*, p. 290).

Este joven fue estudiante de teología, y con otros de su clase salió entre las iglesias como un ministro de sostén propio. Esa fue la preparación que recibió, que lo capacitó para ocupar un lugar, primero como instructor en Oberlin, y más tarde como presidente de la institución en la que pasó su vida.

Salario:—El carácter de los maestros que inspiraba a los estudiantes para la obra de sostén propio la describe un profesor de Oberlin:

"Su piedad es más como la del divino Maestro que la usual; trabaja con sus fuerzas para hacer el bien en la escuela y fuera de ella; su educación, aunque no de nivel de colegio, es suficientemente extensa; es un hombre de trabajo manual; no enseña por dinero; *sino para hacer el bien; está profundamente interesado en el Oeste*" (*Ibíd.*, p. 96).

Con respecto al salario de este hombre, un miembro del Directorio escribió:

"Aconsejo que le ofrezcan $400.00 con el uso de una casa y unos pocos acres de tierra, paja para su caballo y dos vacas, más la leña" (*Íd.*).

Se dice de los fundadores de Oberlin:

> "Estas almas abnegadas y desinteresadas se ofrecieron a la institución sin salario durante cinco años" (*Ibíd.*, p. 269).

Oberlin pudo sostenerse a sí misma, en parte porque redujeron el tamaño de su personal al usar maestros-estudiantes, y en parte porque los miembros de su personal estaban dispuestos a sacrificarse en asunto de salarios.

Los estudiantes que buscaban una educación en tal institución tenían las mismas fuertes características de su personal. De los estudiantes de Oberlin se dijo:

> "Con sus propios músculos, trabajaron abriéndose camino hasta el ministerio. La mayoría era de edad comparativamente madura, mientras algunos habían pasado los treinta años... Era una clase noble de jóvenes, inusualmente fuertes, un poco faltos de civilidad, enteramente radicales, y terriblemente fervientes" (*Ibíd.*, p. 132).

Misioneros de sostén propio:—Estas escuelas que estaban luchando con los problemas de la educación verdadera, todas ellas estaban adiestrando misioneros y evangelistas. Mantenían un objetivo definido delante de sus alumnos, una vida de trabajo que demandaba sacrificio propio y devoción. Esto en sí mismo ponía celo y vida en el trabajo de maestros y alumnos. El mundo se acercaba a uno de los años más importantes de su historia. El mensaje del juicio era inminente. La intensidad se apoderaba de los hombres en todos los campos de la vida. Los estudiantes en estas escuelas estaban despiertos a los grandes temas sociales del día, y en lugar de pasar su tiempo y energía en el estudio de los clásicos muertos, y otros temas poco prácticos que tenían poco o ningún valor en la preparación de obreros cristianos, trataban con problemas palpitantes que exigían acción tanto como pensamiento. Por ejemplo, los estudiantes de Oberlin se dedicaban a la obra misionera entre los indios. Estaban educando a la gente de color; enviaban obreros a los distritos montañosos del sur, y aun a las islas del mar.

> "Cada vacación larga, numerosos estudiantes de Oberlin se encaminaban hasta el sur de Ohio, dondequiera esta pobre gente [de color] se reunían, y les extendían simpatía y compasión, recibiendo solo apenas lo necesario para vivir. En 1836, Hiram Wilson, un estudiante de Lane, fue hasta el norte de Canadá para trabajar entre los veinte mil libertos que habían huido de la esclavitud hasta ese lugar de refugio. Estaban en la más abyecta pobreza e ignorancia. Él dedicó toda su vida a cristianizarlos y educarlos. Al final de dos años, catorce docentes de Oberlin le estaban ayudando. En 1840 no menos de treinta y nueve estaban enseñando en escuelas para gente de color en Ohio, la mitad

de ellos eran señoritas, que sólo recibían casa y comida, y otros tantos en Canadá" (*Ibíd.*, pp. 322, 323).

Experiencias como éstas prepararon a estos jóvenes para hacer una obra muy eficiente en favor de los libertos.

Mucha de esta obra era sobre la base de sostén propio.

> "El mayor grupo de los jóvenes que salieron de Oberlin para predicar en los primeros tiempos, fueron como misioneros del hogar, con esta diferencia, que no esperaban que ninguna sociedad ayudara a las iglesias para pagar sus salarios. No era difícil encontrar las iglesias necesitadas que les dieran la bienvenida… Tal era la ignorancia y preocupación que prevalecían con respecto a Oberlin, que lo más que podían esperar era el privilegio de trabajar en algún campo necesitado sin ser molestados. Cada hombre estaba obligado a encontrar un lugar para sí, y lentamente obtener el reconocimiento. Bajo estas condiciones, los hombres de Oberlin encontraron su trabajo y esperaron días mejores" (*Ibíd.*, pp. 323, 324).

Misioneros a Cuba:—En 1836 un estudiante buscando un clima cálido por razones de salud, fue a Cuba.

> "Siendo un mecánico hábil, encontró fácil sostenerse a sí mismo, y mientras estuvo allí concibió la idea de una misión a los negros en Jamaica, para ser realizada en forma independiente sin ninguna ayuda exterior" (*Ibíd.*, p. 325).

Una de las misiones iniciada en Cuba llevó el nombre de Oberlin.

> "Durante quince años continuó el llamado de reclutas, y fue respondido, hasta que en total treinta y seis habían salido. Por varios años, estos hombres y mujeres muy perseverantes, aparte de la pitanza que los ex esclavos podían contribuir, dependían casi totalmente del trabajo de sus propias manos. Además, construyeron sus propias casas así como capillas y escuelas" (*Íd.*).

Oberlin estaba preparando hombres para proclamar un mensaje impopular, y estas experiencias eran parte de su adiestramiento.

> "Un año o dos de sacrificio propio y labor eficiente en alguna iglesia necesitada, sin ayuda, era la prueba usual para obtener el reconocimiento de estatus ministerial. Los estudiantes de teología que salían a predicar no encontraron ninguna sociedad misionera para guiarlos a abrir puertas, y para asegurarles una compensación por sus servicios. Fueron adonde la predicación parecía necesaria, y a menudo volvían con las manos tan vacías como cuando fueron, excepto por la amistad y la gratitud de aquellos a quienes habían llevado la obra del evangelio" (*Ibíd.*, p. 324).

Hoy uno se preguntaría cómo podían vivir, pero el escritor sigue diciendo:

> "Eran estudiantes de trabajo manual y podían abrirse paso en Oberlin otro año. La situación tenía sus ventajas. Los hombres de Oberlin conseguían su posición teológica por sí mismos, una primogenitura de libertad. Esta libertad puede haber costado mucho, pero valía la pena lograrla" (*Íd.*).

Esta es una ilustración del gran principio que recibimos:

> "La cultura en todos los puntos de una vida práctica hará que nuestros jóvenes sean útiles después que salgan de nuestras escuelas para ir a países extranjeros. No tendrán que depender de la gente a la que vayan para cocinar y coser para ellos, o edificar sus viviendas. Tendrán mucho más influencia si muestran que pueden educar a los ignorantes en cómo trabajar con los mejores métodos, y para producir los mejores resultados... Se necesitará un fondo más pequeño para sostener a tales misioneros... Y dondequiera que vayan, todo lo que han ganado en esta línea, les dará un lugar entre ellos" (*The Spalding and Magan Collection*, p. 50).

Oberlin ayuda a los estudiantes a encontrar el trabajo de la vida:—

> "[Oberlin] nunca fue tan exclusivo como los colegios establecidos en favor de una cultura puramente escolástica en su naturaleza por el aprendizaje basado en libros. Se ponía más énfasis en el lado práctico. El conocimiento era bueno por sus aplicaciones... Oberlin siempre estuvo impresionado por el hecho de que lo que el mundo más necesita es el carácter, hombres y mujeres de valor y poder genuinos, cuyas metas fueran abnegadas y nobles, que contaran el servicio como una delicia... [Los docentes] rebosaban de estímulos de pensamiento y entusiasmo... Se despreciaba lo superficial, lo afectado... Se planteaban las preguntas más sólidas cada día para discutirlas" (*The Story of Oberlin*, pp. 399, 400).

> "[Oberlin] estaba compuesto totalmente por personas elegidas, que venían con una misión, con una carga, un propósito definido... Uno de los primeros graduados solía contar cómo, al decir adiós a la clase cuando había completado su curso en una academia del este, el director los compadecía por el hecho de que habían nacido tan tarde en la historia que todas las tareas realmente importantes ya se habían realizado, de modo que no quedaba nada para ellos sino ¡el trabajo poco noble de ayudar a mantener las ruedas del progreso dentro de sus cauces! Pero al entrar en este pequeño claro en el bosque [a Oberlin] pronto descubrió que la convicción universal allí era que

había una multitud de grandes temas que clamaban por solución; que la redención del mundo apenas había comenzado" (*Ibíd.*, p. 298).

Los docentes son más importantes que un equipo costoso para inspirar a los estudiantes.

"Entre los dirigentes de Oberlin había hombres de notable poder que expresaban sus convicciones de una manera tan experta como para hacerlas sentir profundamente a todos. Además, estos hombres eran de una contextura intensamente práctica. El pensamiento, la investigación, la opinión, encontraban su meta apropiada solo en la voluntad y la acción. Su definición del cristianismo era suficientemente amplia como para incluir todo asunto relacionado con el bienestar humano. Cada año se levantaban e inspiraban a centenares de mentes y corazones muy impresionables" (*Íd.*).

"No digan 'No podemos darnos el lujo de trabajar en un campo escasamente poblado, y de un modo mayormente de sostén propio...' Dios desea que cada hombre se sostenga en su puesto y en su lugar, y no sienta como si la obra fuera demasiado pesada" ("Words of Encouragement to Self-supporting Workers", pp. 12, 15).

Se sintió la influencia de Oberlin:—El historiador indica el efecto de tal preparación en las siguientes palabras:

"Sería difícil sobreestimar la parte en esta tarea que tomaron los misioneros de Oberlin. Recuerden que fueron centenares en los primeros tiempos, y pronto sobrepasaron los miles... Se esparcieron hacia el oeste, hacia el este, y aun hacia el sur, siempre avanzando, debatiendo, inquiriendo, agitando. Brotaba de sus labios tan naturalmente como su aliento, y no podían refrenarse... Oberlin es peculiar entre todas las instituciones de saber de la tierra, por tener un grupo tan grande de estudiantes temporarios inculcados en su espíritu, pero sin tener su diploma; los huesos y tendones del país dondequiera se encontraran; activos e influyentes en sus modestas esferas, y siempre listos para apoyar los esfuerzos y sostener la obra de sus representantes de mayor autoridad cada vez que aparecían... Difícilmente se encuentra un poblado al oeste de Allegheny y al norte de la línea central de Ohio, en la que la influencia de los hombres de Oberlin y las opiniones de Oberlin no puedan ser específicamente identificadas y seguidas. Era la propaganda de una escuela de pensamiento y acción con características distintivas" (*The Story of Oberlin*, pp. 314, 315).

Tal vez ninguna otra experiencia ilustre mejor el gran poder de la gente de Oberlin, y su osadía en tomar la iniciativa contra la opinión popular, que su actitud hacia el tema de la esclavitud y los libertos. Cuando vemos la obra realizada en esta dirección, podemos apreciar mejor el valor del sistema de educación de Oberlin siguiendo el estudio de la Biblia, la eliminación de la literatura perjudicial, su indiferencia a los honores escolares, su preparación manual, su gobierno y sostén propios. Sin esta preparación, hubiera sido difícil para los estudiantes de Oberlin seguir el camino que siguieron en el tema de la esclavitud. Los puso en conflicto con las leyes del país, pero los estudiantes obedecían las leyes de Dios antes que las leyes de los hombres. La siguiente declaración fue dirigida por un juez civil a un hombre de Oberlin que estaba enjuiciado por ayudar a escapar a un esclavo:

"Un hombre de su inteligencia debe saber que si la norma del bien se coloca sobre las leyes del país y en contra de ellas, los que se mantienen en favor de ella son cualquier cosa menos buenos ciudadanos y buenos cristianos… Su conducta es tan criminal como su ejemplo es peligroso" (*Oberlin: The Colony and the College*, p. 125).

El deseo de reforma despertado por correlación:—El secreto del éxito de los maestros de Oberlin en despertar a los estudiantes para que tomen una posición en esta cuestión debatida, y a ponerse donde pudieran llegar a ser líderes en un movimiento práctico para despertar las mentes de la gente a la terrible maldad de la esclavitud como institución, reside en el hecho de que Oberlin no dirigía su trabajo del aula y sus conferencias siguiendo las líneas regulares estereotipadas de los colegios que lo rodeaban. Por lo contrario, Oberlin en cada ocasión correlacionaba este tema con el trabajo diario en el aula. Uno de los enemigos de Oberlin entendió este secreto en esa época, y escribió:

"En aritmética se enseñaba el cálculo del número de los esclavos y su valor por cabeza; en geografía, las líneas territoriales y aquellas localidades del territorio de los esclavos supuestamente favorables a la emancipación; en historia, las crónicas de esa peculiar institución; en ética y filosofía, la ley más elevada y la resistencia a los mandatos federales. Por ello, los graduados de Oberlin eran maestros en el arte del abolicionismo, y con la adquisición de sus diplomas se preparan para ir un grado o dos más adelante si la ocasión lo requiere… Imaginan que están sirviendo a Dios. Puede haber algunas excusas para ellos (los estudiantes) pero no hay ninguna para sus instructores. Dudamos si hay alguna para ambos. Mientras Oberlin florezca y eduque a 1.250 estudiantes por año, los varones y las mujeres abolicionistas seguirán multiplicándose" (*The Story of Oberlin*, p. 265).

Siempre ha sido el plan de Dios como lo ilustran las escuelas de los profetas, que la escuela cristiana debiera ser la cuna en la que nacen y se crían reformadores que salgan de la escuela ardiendo con celo y entusiasmo práctico para ocupar sus lugares como líderes en estas reformas. Él tiene el plan que los maestros sean líderes en la reforma, y que tengan suficiente ingenio y adaptabilidad para realizar una conexión entre cada lección y las reformas. Este fue el método que hizo que Wittenberg fuera el centro de la Reforma del siglo XVI.

El temor de aceptar y actuar en favor de reformas, un rasgo del sistema papal de educación:—Siempre ha sido la regla del papado esterilizar las mentes de los maestros de modo que no puedan ser saturados con ideas de reforma. El sistema papal de educación hace que estén satisfechos en repetir lecciones establecidas a sus alumnos, como ellos mismos las aprendieron en la escuela, sin ningún pensamiento de hacer aplicaciones prácticas. Los estudiantes, a su vez, salen para enseñar a otros la misma memorización que aprendieron, y así sigue el círculo interminable, siempre aprendiendo, pero sin llegar a ninguna parte.

Macaulay describe este sistema así:

> "La filosofía antigua era una noria, no un sendero. Estaba constituido por preguntas de controversias repetidas que siempre comenzaban de nuevo. Era un artilugio para tener mucho esfuerzo pero ningún progreso… La mente humana, conforme a esto, en lugar de marchar, simplemente marcaba el tiempo. Se tomaba mucho trabajo, que hubiera sido suficiente para hacerlo avanzar, sin embargo quedaban en el mismo sitio. No había acumulación de verdad… Había habido mucha arada, pasar la rastra, cosecha, trilla. Pero los depósitos contenían solo hollín y paja" ("Essay on Francis Bacon", *The Edinburgh Review*, pp. 344, 345).

Cualquier escuela, que como Oberlin, tenga el poder de despertar a sus estudiantes para que realicen una reforma para la cual Dios está llamando, debe esperar la misma oposición amarga de aquellos que se conforman con la mera forma de la educación cristiana sin el poder del Espíritu. Estos son pozos sin agua, nubes sin lluvia, palabras sin ideas, lámparas sin aceite.

La oposición despierta la investigación que conduce a la amistad:—En los días cuando Thomas Jefferson estaba enfrentando las críticas más agudas por causa de las reformas en la educación que él defendía, encontró amigos de sus reformas aun en las escuelas más conservadoras. Por ejemplo, el Profesor George Ticknor, miembro del personal docente de Harvard, hizo un estudio cuidadoso de las ideas de Jefferson sobre la educación. Él sorprendió a sus amigos al viajar seiscientas millas [960 kms] en diligencia y los lentos medios de transporte de la época, y soportó "con paciencia la molestia de malos caminos y la incomodidad de malas posadas… ¿En qué estaba pensando para hacer ese largo viaje hacia el sur?... Iba a ver la nueva universidad de Jefferson "recientemente abierta", y de ella escribió, que "encontró 'el sistema' 'más práctico' de lo que había temido. Encontró 'un experimento digno de ser probado'" (*Thomas Jefferson and the University of Virginia*, p. 129).

La asistencia a Oberlin es un misterio:—Hemos visto el celo la actitud crítica de los líderes hacia Oberlin. Era difícil para Oberlin soportar la irritación que se mantenía constantemente, pero Dios miraba con placer la manera con la cual Oberlin enfrentaba esta persecución.

> "En su mayor parte, ha habido pocos esfuerzos para forjar o blandir armas de defensa. El [colegio] había avanzado con paciencia y persistencia, ocupándose de sus propios asuntos y haciendo su obra a su manera, seguros de que finalmente vendría una vindicación total. Por una parte, siempre tenía el consuelo de saber que no les faltaban dedicados amigos admiradores, y podía ver que lograban un éxito fenomenal en muchos puntos. Estaba repleta con estudiantes de ambos sexos. Este crecimiento sorpresivo y sin precedentes, a pesar de la extrema pobreza, a pesar de algunos errores y equivocaciones serios, a pesar de las huestes de enemigos cuya fuerza unida parecía abrumadora, constituían un misterio que los más sabios de sus calumniadores eran incapaces de resolver. Uno de ellos expresó este detalle sorprendente al Sr. Finney, más o menos de este modo: 'Siempre se ha entendido que ninguna institución puede prosperar o lograr éxito sin tener la simpatía y la cooperación tanto de la iglesia como de los ministros. En su caso, la multitud de éstos o se han mantenido alejados, o han sido activamente hostiles; no obstante, ustedes consiguen alumnos, maestros, edificios, y recursos mucho más allá de sus vecinos más afortunados. No podemos entender nada de esto" (*The Story of Oberlin*, p. 263).

> "Ninguna institución educativa puede ponerse en oposición a los errores y corrupciones de esta era degenerada sin recibir amenazas e insultos. Pero el tiempo pondrá tal institución sobre una plataforma elevada, teniendo la seguridad de Dios de que actuaron correctamente" (Elena G. de White, *General Conference Bulletin*, 1901, p. 454).

SELECCIÓN Y PREPARACIÓN DE DOCENTES

Indudablemente, más fracasos han afectado las reformas educacionales y a las escuelas, por causa de la incapacidad de los fundadores de seleccionar docentes que tengan simpatía por la educación cristiana, y que tengan la habilidad de enseñar las ramas esenciales dirigidos por los ánge-les que anhelan cooperar en la enseñanza de cada clase, que por ninguna otra debilidad. En las escuelas cristianas se han empleado maestros "que podrían pasar bien en instituciones de enseñanza mundanas", pero que no podían seguir el modelo divino revelado a los fundadores. Por esta razón, muchas escuelas, establecidas por reformadores, pronto siguieron el modelo de las escuelas populares.

> "Dios me ha revelado que estamos en el peligro positivo de traer a nuestra obra educacional las costumbres y modas que prevalecen en las escuelas del mundo" ("The Madison School", p. 28).

> "Que ningún administrador, maestro o auxiliar vuelvan atrás a sus viejas costumbres de dejar que su influencia negativa arruine los planes que Dios ha presentado como el mejor plan para la educación física, mental y moral de nuestra juventud. Dios pide que demos pasos adelante" (*The Spalding and Magan Collection*, p. 204 [27 de dic. de 1901]).

Oberlin sufrió terribles presiones de sus propios hermanos que igno-raban la naturaleza y el valor de la luz educacional que Dios les había revelado tan generosamente. Pero severas como fueron las críticas y las presiones de afuera, Oberlin podría haber cumplido el plan de Dios en la preparación de un ejército de misioneros que dieran el clamor de media-noche, ni no hubiera sido porque algunos de sus maestros seguían aferrán-dose a los principios y métodos de las escuelas del mundo. El germen que finalmente causó que tambaleara en su curso fue plantado en sus órganos vitales por miembros de su propio personal docente. Un ejemplo de los muchos que podrían darse será suficiente para dejar este punto en claro.

> "El Prof. J. P. Cowles nunca miró con simpatía tales extravagancias dietéticas; no tuvo escrúpulos en ridiculizarlas, y de otras maneras oponerse a ellas, proveyendo cajas de pimienta, y mantuvo en las mesas pimienta durante meses, aunque finalmente, la comisión las quitó" (*The Story of Oberlin*, p. 422).

La influencia de este maestro junto con algunos otros que se oponían a la posición del presidente Finney sobre la pimienta y otros condimentos, el té y el café, las comidas de carne, etc. y que no vieron que esta reforma pro salud era una cuña de entrada, se describe así:

> "Bajo la presión de este pánico, se apresuraron con precipitación y confusión de vuelta a sus ollas de carne; y aquí, bajo la alegre influencia de estas infusiones frescas del arbusto chino, de las semillas de Moca, con el consumo descuidado de carne de cerdo, y bebiendo el caldo de cosas abominables, tuvieron éxito en frenar una obra renovadora necesaria" (*Ibíd.*, p. 424).

La oposición de afuera, irritante; la de adentro, seria:—La insistencia, las burlas, y las falsedades de aquellos fuera de los muros de Oberlin, que no tenían simpatía por sus reformas, eran obstáculos serios y desagradables, pero la oposición de ciertos maestros que continuamente estaban minando el amor y el respeto de los estudiantes por la reforma pro salud fue fatal para el progreso de toda reforma. Al ceder en la reforma pro salud, Oberlin comenzó a abandonar sus reformas una por una hasta que fue incapaz de afrontar la prueba de 1844. De este modo, Oberlin fracasó en la gran misión a la cual fue llamado por el primer ángel, porque algunos de sus maestros no tenían simpatía por la educación cristiana. En aquellas reformas donde el personal docente concordó, Oberlin tuvo récords mundiales.

La escuela de Jefferson finalmente fue derrotada en sus reformas porque él no fue sabio al elegir una cantidad de miembros para el personal docente de la Universidad de Virginia, de las universidades de Europa. Jefferson fue sabio en muchos temas grandes, pero fue débil en este punto, y se dice que

> "Washington puso reparos; dudaba de la conveniencia de importar un cuerpo de profesores extranjeros que estarían inclinados a traer de las escuelas europeas ideas que discrepaban de los principios de la democracia, que Jefferson quería que fueran básicos en su escuela" (*Thomas Jefferson and the University of Virginia*, p. 45).

Por esta misma razón los fieles reformadores puritanos soltaron aquellos principios que hubieran preparado a sus descendientes para el clamor de medianoche. Establecieron una cantidad de escuelas, tales como Harvard y Yale, que por años fueron reconocidas como escuelas bíblicas, pero estaban bajo la influencia de maestros que, como hemos aprendido, les trajeron los principios papales de educación de Oxford, Eton, y otras escuelas europeas, y esto finalmente destruyó su deseo de reformas. Si hay una cosa por encima de otras contra las que los adventistas del séptimo día han sido advertidos, es este punto. La educación cristiana ha quedado en ruinas por todas partes, solo porque los maestros se opusieron a reformas como lo hicieron los maestros de Oberlin que insistieron en poner pimienta en las mesas, y ridiculizaron la reforma pro salud y a sus defensores. ¿Será posible que algunos maestros adventistas del séptimo día hayan usado sus cajas de pimienta, llenas con las observaciones más agudas y cáusticas contra las reformas educacionales?

> "Es muy difícil adoptar principios rectos de educación después de haber estado acostumbrados por largo tiempo a los métodos populares. Las primeras tentativas para cambiar las viejas costumbres acarrearon pruebas severas para los que deseaban andar en el

camino señalado por Dios. Se han cometido errores que ocasionaron resultando grandes pérdidas. Ha habido obstáculos que tendieron a hacernos transitar por senderos comunes y mundanales y a impedir que comprendiéramos los principios de la educación verdadera… Algunos maestros y administradores, convertidos solo a medias, son piedras de tropiezo para otros. Ceden en algunas cosas y hacen reformas a medias; pero cuando se produce un mayor conocimiento, rehúsan avanzar, prefiriendo trabajar de acuerdo con sus propias ideas… Los reformadores se vieron estorbados y algunos cesaron de pedir reformas. Parecieron incapaces de detener la corriente de duda y crítica… Nos toca ahora comenzar de nuevo. Las reformas deben emprenderse de todo corazón, alma y voluntad. Los errores pueden ser muy, antiguos, pero los años no hacen del error verdad, ni de la verdad error" (*Testimonios para la iglesia*, t. 6, pp. 146,147).

El espíritu de los reformados:—En los días cuando florecían las escuelas de los profetas, el hombre que estaba a cargo de estas escuelas era llamado "padre", y los estudiantes eran conocidos como "hijos". En los tiempos del Nuevo Testamento, uno de las mayores maestros, fuera del Maestro mismo, habla cariñosamente de "Timoteo, verdadero hijo en la fe"; y de "Tito, verdadero hijo en la común fe", e "hijitos míos, por quienes vuelvo a sufrir dolores de parto". Él enfatiza todavía más la diferencia entre el maestro verdadero y el instructor asalariado, diciendo, "aunque tengáis diez mil maestros en Cristo, no tendréis muchos padres, pues en Cristo Jesús yo os engendré por medio del evangelio". Es este espíritu de paternidad de parte del maestro lo que lleva al éxito. Emerson ha dicho: "Una institución es la sombra alargada de un hombre". Ese hombre es "el padre".

Ya hemos visto que muchos de los fracasos de la reforma educacional yacen a los pies de los maestros tímidos, incrédulos, conservadores; dondequiera ha habido verdadero éxito, y se ha llevado fruto en un movimiento de reforma educacional, se encontrará uno o más maestros que han servido como padres o madres de la empresa. Como regla, debemos reconocer que una escuela que está obligada a cambios frecuentes de maestros o administradores, verá pocos resultados en la forma de una reforma educacional estable y saludable. Lutero y Melanchton fueron los padres de Wittenberg, y mientras ellos permanecieron, la institución fue un poder para la reforma en toda Europa.

Jefferson como padre:—Cuando estaba en su octogésimo tercer año de vida, Jefferson iba a caballo de ocho a diez millas [trece a quince kms.] por un áspero camino de montaña a la Universidad de Virginia. "Esto muestra el profundo interés con el que velaba por esta hija de la vejez, y por qué prefería el título más cariñoso de 'padre', al de fundador". El Sr. Jefferson mostró este espíritu paternal durante los últimos años de su vida, porque solía invitar a los estudiantes para el almuerzo de los domingos en su propia casa.

> "Podían ser jóvenes y tímidos, pero él conocía el condado de dónde venían, los hombres con los que estaban relacionados, y se daba a sí mismo a la familia estudiantil tan completamente que pronto se sentían en casa" (*Thomas Jefferson and the University of Virginia*, p. 216).

Oberlin tuvo padres:—Oberlin nunca hubiera podido realizar lo que hizo si le hubiera faltado la paternidad. La relación de los fundadores de la institución cuando fue concebida en sus mentes se expresó en estas palabras, al concluir su oración: "Pues, el niño ha nacido, ¿qué nombre le pondremos?" (*The Story of Oberlin*, p. 81). Su amor por este niño se manifestó de la misma manera en que un padre muestra amor a sus descendientes; trabajaron, se sacrificaron y sufrieron por años sin pensar en remuneración. Del personal docente de Oberlin se dice:

> "Entre ellos estaba la convicción inamovible de que el personal docente debían avanzar "por fe" en el asunto del salario; es decir, no deberían insistir sobre alguna obligación legal de pagarles alguna suma definida, sino estar contentos de recibir lo que viniera de la tesorería" (*Ibíd.*, p. 284).

El espíritu paternal de parte de los hombres de Oberlin se revela en la siguiente experiencia de uno de los obreros:

> "[Él] estaba tan encantado con lo que encontró del fervor religioso y la sencillez democrática, que no mucho después echó su suerte con los colonos, trayendo varios miles de dólares tomados de su propio bolsillo o recolectado entre sus amigos. Elegido como uno de los directores, fue abundante en las labores financieras" (*Id.*).

El espíritu paternal significaba no solo el sacrificio en los salarios, sino utilizar su dinero y solicitar ayuda de amigos.

El Sr. Finney también tuvo esta misma relación con la institución. Muchos trataron de tentarlo a lo que les gustaba llamar campos más importantes y mejor remuneración, pero él siguió como presidente de la escuela por más de cuarenta años. Como Elías llamó a Eliseo del arado a un lugar subordinado en la escuela de los profetas, para que pudiera adiestrarse para llegar a ser un padre cuando Elías partiera, así Finney llamó a Fairchild, un joven que había pagado con trabajo sus estudios en Oberlin. A Fairchild le ofrecieron más tarde cargos lucrativos y populares, pero él eligió permanecer con Oberlin como subordinado del Dr. Finney, a cuatro dólares por semana, y allí recibió la preparación que lo puso a la cabeza de la escuela cuando Finney fue llamado a irse. La conexión de Fairchild con la escuela duró más de sesenta años.

Estos hombres tenían una visión. Sus estudiantes tenían visiones. Los padres y madres en Oberlin amaban a sus hijos, y su ejemplo no se perdió con los estudiantes; porque ellos iban por todas partes con el mismo espíritu para ser padres de alguna empresa para la salvación de las almas. Nunca vacilaron porque el campo era considerado duro. Fueron tan leales a campos duros como sus maestros, antes que ellos, habían sido leales a Oberlin. Esto condujo a los estudiantes de Oberlin a decir, *"De aquí en adelante el país que más necesita mi ayuda es mi país".*

Caminar con Dios, pero no con corazón perfecto:—De ciertos reyes de Judá se dice que "hizo él lo recto ante los ojos de Jehová, aunque no de perfecto corazón". Dios usó al profesor Finney y le dio un concepto de la condición espiritual de las iglesias populares. Él sabía cuáles serían los resultados si no se reformaban.

"El Prof. Finney de Oberlin College dijo: 'Las iglesias en general están degenerando que da pena. Se han alejado muchísimo de Dios, y él se ha alejado de ellas'" (*El conflicto de los siglos*, p. 427).

Stewart, Shipherd, el presidente Mahan, todos fundadores de Oberlin, comprendieron la situación tan bien como el Profesor Finney. Todos reconocieron que la única manera sensata de producir una reforma permanente en las denominaciones protestantes era por medio de un sistema de educación cristiana, porque "la esperanza de la obra misionera futura reside en los jóvenes". Estos hombres pelearon una buena batalla. Todos ellos fueron reformadores del más elevado tipo. Pertenecen a la misma clase que Guillermo Miller, Fitch, Himes, y otros.

Oberlin oye el mensaje del primer mensaje como lo predicaron Guillermo Miller y Charles Fitch:—

"Guillermo Miller, habiendo descubierto hacía mucho, cosas muy maravillosas en Daniel y el Apocalipsis, procedió durante media generación a poner el mundo cabeza abajo en preparación para el fin de esta dispensación, que este agricultor-profeta fijó para 1843" (*The Story of Oberlin*, p. 66).

"El Rev. Charles Fitch predicó la doctrina de la inmediata segunda venida de Cristo. Era un hombre de mucho magnetismo personal, intensamente ferviente, profundamente convencido de la verdad de su mensaje, y llamado, como lo sentía, a llevar la mejor luz al buen pueblo de Oberlin" (*Oberlin: The College and the Colony*, p. 86).

Los fundadores fueron profundamente conmovidos, como lo fueron muchos de los estudiantes. Pero ya hemos visto la debilidad de parte de algunos maestros de Oberlin hacia reformas preliminares. Hemos visto el amargo y terrible espíritu manifestado por la mayoría de los líderes denominacionales. Estas cosas casi aplastaron las reformas de Oberlin, hasta que fue incapaz de afrontar las demandas más elevadas presentadas por el clamor de medianoche. Oberlin College no fue perfecto en su corazón, pero Dios recompensó a la institución por la lealtad que había mostrado, y llegó a ser un factor poderoso en ciertas reformas en la historia del mundo, aunque dejó de tener una parte en esa reforma de todas las reformas: el mensaje, del tercer ángel. Es bueno que los adventistas del séptimo día recuerden que estas cosas les ocurrieron a Oberlin como un ejemplo para aquellos sobre quienes el fin de los siglos ha venido. Los maestros de Oberlin no "quebraron todo yugo" de la educación mundana, sino "pusieron sobre los cuellos de sus alumnos yugos mundanales en lugar del yugo de Cristo". A nosotros se nos dice: "El plan de las escuelas que hemos de establecer en estos años finales de la obra ha de ser de un orden enteramente diferente del que hemos instituido", pero Oberlin decidió seguir los métodos adoptados en las escuelas más viejas y establecidas. Cedió a la presión, y de este modo comenzó a "aferrarse a viejas costumbres, y por causa de esto, nosotros estamos muy atrasados, donde deberíamos habernos desarrollado" en la obra de Dios. Los hombres de Oberlin, justo antes de que llegara la prueba, no comprendieron el propósito de Dios en los planes puestos delante de ellos para la educación de sus obreros. "Adoptaron métodos que retrasaron la obra de Dios. Los años pasaron a la eternidad con pocos resultados que podrían haber mostrado el logro de una gran obra". Oberlin, al ceder a la oposición, se incapacitó para llevar el mensaje de la verdad presente en toda su plenitud a otros países, "porque no rompieron todo yugo educacional". Falló al final al no ponerse "en línea con la educación verdadera", y como resultado, no pudo dar el mensaje final al mundo.

3. Algunas Experiencias Educacionales de los Adventistas del Séptimo Día

❧

Las condiciones de las denominaciones protestantes en 1844 están ilustradas por las cinco vírgenes insensatas. Cuando se dio el clamor de medianoche en la primavera de ese año, la mayoría de los líderes de esas denominaciones se le opusieron. Durante los días de preparación, habían dejado de "comprender la verdadera ciencia de la educación", y no estuvieron listos cuando vino la culminación. Algunos de sus propios reformadores educacionales habían procurado preparar las denominaciones para este gran evento, pero estos educadores encontraron la oposición y el rechazo de los líderes de las iglesias. Por lo tanto, los líderes de la iglesia no estaban listos para aceptar el mensaje del primer ángel. Si las denominaciones protestantes su hubieran puesto "en línea con la educación verdadera", hubieran aceptado el mensaje del primer ángel. Esto los hubiera unido en un cuerpo otra vez.

> "La iglesia habría vuelto a alcanzar aquel bendito estado de unidad, fe y amor que existía en tiempos apostólicos, cuando la muchedumbre de los creyentes era de un mismo corazón y de una misma alma" (*El conflicto de los siglos*, p. 429).

Las denominaciones populares habían sido llamadas por Dios para preparar al mundo para la segunda venida de Cristo. Rehusaron obedecer, y "cerca de cincuenta mil personas se separaron de las iglesias" (*Ibíd.*, p. 426). De este número surgieron unos pocos cristianos denodados, osados, fieles, que llegaron a ser los fundadores y líderes de la denominación adventista del séptimo día. La mayoría de estos bravos líderes "eran poco versados en conocimientos escolásticos". Habían recibido su educación "en la escuela de Cristo, y su humildad y obediencia los hace grandes" (*Ibíd.*, p. 509). Se habían hecho solos, y no tenían necesidad de gastar mucho tiempo en desaprender la sabiduría recibida de ese sistema de educación que causó la ruina de las denominaciones protestantes de 1844.

El pastor Jaime White, en su biografía de Guillermo Miller, expresa en las siguientes palabras su opinión sobre aquel sistema de educación que arruinó a los protestantes:

"¿Cuál habría sido ahora el efecto de lo que se llamó un curso regular de educación?... ¿Habría realizado su obra apropiada, la de disciplinar, ampliar y equipar la mente, dejando sin afectar en el proceso sus energías naturales, su dependencia propia en cuanto al hombre, y su sentido de dependencia y responsabilidad en cuanto a Dios? O ¿lo habría colocado en las filas atestadas de aquellos que se conforman con compartir el honor de repetir los disparates, verdaderos o falsos, que pasan por ser la verdad en la escuela o secta que los ha hecho lo que son?" (*Sketches of the Christian Life and Public Labors of William Miller*, pp. 15, 16).

Los adventistas del séptimo día llamados a ser reformadores:— Estos valientes reformadores cristianos ahora afrontaban una situación similar a la que afrontaron los refugiados cristianos que huyeron de Europa a las costas de Norteamérica, con el fin de desarrollar un nuevo orden de cosas. Pero "no obstante haber renunciado al romanismo, los reformadores ingleses conservaron muchas de sus formas" (*El conflicto de los siglos*, p. 333). Los fundadores de la iglesia adventista del séptimo día habían abandonado las iglesias apóstatas, y ellos, como los reformadores ingleses, fueron impresionados por las condiciones de estas iglesias, pero, mientras denunciaban las doctrinas papales encontradas en las iglesias protestantes apóstatas, dejaban de ver todos los errores en aquellas iglesias. Los reformadores de 1844 también afrontaron persecución, como los reformadores ingleses antes de que vinieran a este país. Porque de ellos se dice, "Muchos fueron perseguidos por sus hermanos incrédulos" (*Ibíd.*, p. 422).

Durante los primeros pocos años de la historia de la iglesia adventista del séptimo día, encontramos fundadores que escudriñaron la Biblia buscando las grandes doctrinas fundamentales del mensaje del tercer ángel, que revelaba falsas doctrinas y ciertas falacias que se habían introducido en las iglesias populares; que escribieron y publicaron estas doctrinas al mundo, y desarrollaron una organización eclesiástica. Pero hicieron bien su obra.

¿Pero qué se estaba haciendo para educar a los niños y jóvenes durante este período constructivo? Muchos de ellos estaban asistiendo a esas mismas escuelas que hasta entonces habían adiestrado hombres que repudiaron la luz del mensaje del primer ángel. Muchos de los reformadores estaban perturbados por esta situación. Comenzaron a darse cuenta de que mantener a los niños en estas escuelas, con el tiempo, conduciría a que estos niños consideraran la verdad como lo hacían sus maestros que no tenían ninguna simpatía por el mensaje.

Pero de Dios vino luz sobre el problema de la educación. Los padres adventistas del séptimo día recibieron la instrucción de sacar a sus niños de las escuelas públicas, y de establecer escuelas que ofrecieran una preparación cristiana.

> "Cuando el ángel de Dios me mostró que era preciso fundar una institución para la educación de nuestros jóvenes, vi que sería uno de los mayores medios ordenados por Dios para la salvación de las almas" (*Testimonios para la iglesia*, t. 4, p. 412).

El establecer escuelas parecía una tarea demasiado grande para la mayoría de nuestra gente en ese tiempo. Era como la conquista de Canaán para los hijos de Israel. Muchos hijos de hogares adventistas fueron sacados de las escuelas mundanas, pero a la iglesia le faltó la fe para establecer escuelas y aferrarse a la promesa de Dios de proveer maestros cristianos. Así, por un tiempo, los hijos fueron dejados sin ningún beneficio escolar. Los padres se dieron cuenta de que algo había que hacer, pero como no tenían fe para obedecer la palabra de Dios en este asunto, gradualmente devolvieron a los jóvenes a las escuelas mundanas. Así comenzó la peregrinación de los adventistas del séptimo día por el desierto de la educación mundana. No entendieron "la verdadera ciencia de la educación". La obra se retrasó, y "por causa de esto estamos muy atrasados con respecto a donde deberíamos estar en el desarrollo del mensaje del tercer ángel". Esta experiencia vino por el año 1860; en 1901, cuarenta años después de esto vino "el comienzo de la reforma educacional".

La siguiente instrucción vino durante esta peregrinación en el desierto educacional:

> "Debieran haberse tomado medidas, en las generaciones pasadas, para una obra educacional en mayor escala. Los colegios debieran haber tenido establecimientos agrícolas y fabriles, como también maestros de economía doméstica; y una parte del tiempo diario debiera haberse dedicado al trabajo, de modo que las facultades físicas y las mentales pudieran ejercitarse igualmente. Si las escuelas se hubiesen establecido de acuerdo con el plan que hemos mencionado, no habría ahora tantas mentes desequilibradas... Si en generaciones pasadas se hubieran dirigido sobre un plan completamente distinto, la juventud de esta generación no sería ahora tan depravada e inútil" (*La educación cristiana*, pp. 32, 20).

De las páginas de la *Review and Herald* recogemos que hubo considerable agitación sobre el tema educacional hasta la fundación del Battle Creek College en 1874. Por esta época muchos de los líderes comenzaron a comprender más plenamente los resultados del terrible error cometido al no seguir la instrucción dada en la década del cincuenta con respecto a la educación. Era aparente la necesidad de escuelas. El hermano A. Smith, escribiendo para la *Review and Herald* (vol. 40, No. 2), dijo:

> "Cualquiera que conozca nuestras escuelas comunes, percibe que la influencia de sus asociaciones es terrible sobre la moral de nuestros niños… Yo no sé por qué las señoritas no pueden calificarse con un curso de estudio en Battle Creek para servir como maestras de escuelas seleccionadas en nuestras iglesias grandes".

Esto contiene una sugerencia para establecer escuelas de iglesia.

Por ese tiempo se estableció una escuela de iglesia en Battle Creek. El maestro, que era el principal impulsor en esta empresa, era un reformador educacional, si la reforma que él defendía hubiera sido recibida favorablemente y practicada con inteligencia, los adventistas del séptimo día habrían salido mucho antes del desierto educacional. Las ideas sobre educación que tenía este hombre eran similares a las reformas enseñadas antes de 1844. Dios deseaba que cuando comenzara la obra educativa entre los adventistas del séptimo día fuera sobre una base por lo menos igual a la del movimiento de reforma educacional antes de 1844. Si aceptaban esta obra de reforma, los adventistas del séptimo día hubieran estado en una posición delante del mundo que correspondía a la que tenía la obra del sanatorio de los adventistas del séptimo día. El primer sanatorio adventista del séptimo día rápidamente se puso en línea con todas las ideas avanzadas enseñadas y practicadas antes de 1844. Y si una cosa por sobre otras distinguió a los adventistas del séptimo día ante el mundo, fueron sus principios de reforma pro salud y la obra del sanatorio. Tuvieron la misma oportunidad en el mundo educacional.

> "La ostentación y la superficialidad en el trabajo son características de la educación en el tiempo presente. El Hno. _____ posee un amor innato por el orden y por el trabajo bien hecho, lo cual se ha convertido en hábito como resultado del adiestramiento y la disciplina de toda una vida. Por esto ha recibido la aprobación de Dios. Sus esfuerzos son de verdadero valor, porque no permite que sus alumnos sean superficiales. Sin embargo, en sus primeros esfuerzos por establecer una escuela, tuvo que hacer frente a una cantidad de obstáculos… Algunos de los padres olvidaron sostener la escuela, y los niños no respetaban al maestro porque vestía pobremente… El Señor aprobó el comportamiento general manifestado por el Hno. _____ al echar el cimiento de la escuela, que ahora está funcionando" (*Testimonios para la iglesia*, t. 5, p. 85).

Esta escuela se desarrolló hasta ser el Colegio de Battle Creek.

El Colegio de Battle Creek debió haberse establecido en el campo:—Los promotores del Colegio de Battle Creek recibieron la instrucción de establecer la escuela en un gran terreno en el campo donde se pudieran desarrollar diversas industrias, y hacer de la escuela una institución de adiestramiento manual, y administrarse de acuerdo con las ideas de la reforma educacional. La siguiente declaración, que aparece en el *General Conference Bulletin*, 1901, p. 217, fue hecha por el pastor Haskell con respecto a la fundación del Colegio de Battle Creek:

> "Recuerdo el tiempo cuando el lugar actual fue elegido para ubicar el Colegio aquí en Battle Creek... La Hermana White, al hablar a la comisión de ubicación, dijo: 'Pongan la escuela en algún lugar fuera de la ciudad densamente poblada, donde los estudiantes puedan trabajar la tierra".

En el mismo *General Conference Bulletin*, páginas 115 y 116, está la siguiente declaración de la Sra. Elena G. de White respecto de la ubicación del Colegio de Battle Creek:

> "Algunos pueden ser perturbados por la transferencia de la escuela de Battle Creek, pero no necesitan estarlo. Esta mudanza está de acuerdo con el designio de Dios por el cual se estableció la escuela, pero los hombres no podían ver cómo se podía hacer esto. Hubo tantos que dijeron que la escuela debe estar en Battle Creek. Ahora decimos que debe estar en otra parte. Lo mejor que puede hacerse es deshacerse de los edificios de la escuela aquí tan pronto como sea posible. Comiencen de inmediato a buscar un lugar donde se pueda dirigir la escuela siguiendo lineamientos correctos... Consigan una extensión grande de tierra, allí comiencen la obra que les rogué que iniciaran antes de que la escuela se estableciera aquí... Nuestras escuelas deberían ubicarse lejos de las ciudades, en grandes extensiones de tierra de modo que los estudiantes tengan la oportunidad de hacer trabajo manual".

Por lo citado arriba, vemos que cuando se estableció el Colegio de Battle Creek no hubo suficiente fe y valor para edificar una institución educativa entre los adventistas en una granja como los reformadores educacionales antes de 1844 ubicaron sus escuelas. La causa de esta incapacidad para apreciar el sistema de educación que Dios pedía se debió al hecho de que los principales hombres de la denominación habían recibido su educación en escuelas que habían repudiado las ideas de reforma defendidas antes de 1844. La importancia del adiestramiento manual y reformas relacionadas no había impresionado sus mentes, como las mentes de los estudiantes en Oberlin habían sido estampadas durante su experiencia de reforma. Además, a los adventistas del séptimo día, unos cuantos años antes del establecimiento del primer colegio, les faltó la fe para obedecer a Dios en establecer escuelas sencillas sobre el plan correcto para educar a sus hijos que debían ser sacados de las escuelas públicas. Esos niños adventistas cuyos padres, por falta de fe, no los sacaron de las escuelas públicas, ahora estaban entre los dirigentes de la denominación. Su fe y valor en la reforma educacional eran débiles, y sus ojos estaban tan ciegos a la verdadera ciencia de la educación cristiana como lo fueron los ojos de sus padres que no les proveyeron a ellos escuelas cristianas. La idea se expresó así:

> "Si los ministros y los maestros sintieran plenamente su responsabilidad, veríamos hoy un estado diferente de cosas en el mundo. Pero son demasiado estrechos en sus opiniones y propósitos. No se dan cuenta de la importancia de su obra ni de sus resultados" (*Testimonios para la iglesia*, t. 4, p. 418).

Y así, por causa de la incredulidad, el primer colegio fue establecido donde Dios dijo que no debía serlo, y en lugar de los principios y métodos de educación cristiana de la reforma, se introdujeron los principios, los métodos, las costumbres, los estudios, y los ideales de los colegios de las denominaciones protestantes a su alrededor. Por lo tanto, en estas circunstancias, en esta institución, habían de ser preparados los futuros misioneros para la denominación, aquellos misioneros que debían evitar los errores en la preparación para el fuerte clamor que entramparon a los jóvenes de las denominaciones protestantes antes de 1844 cuando se acercaba el clamor de medianoche.

Resultados del fracaso:—Nuestro primer colegio pronto comenzó a dar una abundante cosecha de frutos de educación mundana, y el Señor indica claramente su evaluación de este fruto y del sistema que lo produjo, y algunos consejos sólidos en cuanto al mejor curso a seguir.

> "Si la influencia mundana ha de reinar en nuestro colegio, entonces vendédselo a los mundanos y permitid que ellos asuman el control total; los que han invertido sus recursos en esa institución, establecerán otro colegio que se rija, no según el plan de las escuelas populares ni de acuerdo con los deseos del rector y los maestros, sino conforme al plan que Dios ha especificado… Nuestro colegio ocupa hoy una posición que Dios no aprueba" (*Testimonios para la iglesia*, t. 5, pp. 24-26).

No es nuestro propósito entrar en la historia del Colegio de Battle Creek. Hizo mucho bien, pero su ubicación y el sistema adoptado al principio hizo difícil llevar a cabo la reforma educacional cristiana. Sin embargo, en diferentes momentos, se hicieron fuertes esfuerzos para introducir reformas. La siguiente declaración habla en forma concisa de la historia entera del Colegio de Battle Creek:

"Aunque en muchos aspectos nuestras instituciones de enseñanza se han conformado al mundo, aunque paso a paso han avanzado hacia el mundo, son prisioneras de la esperanza... Dios las corregiría y las iluminaría, y las traería de nuevo a su recta posición que las distingue del mundo" (*Testimonios para la iglesia*, t. 6, p. 150).

El Colegio de Battle Creek, en Battle Creek, como el Israel antiguo, se movió de un lado a otro entre el plan de Dios y el sistema educacional del mundo. Pero era "prisionera de esperanza" y, como ya lo dijo la Sra. White en el *General Conference Bulletin* de 1901, Dios lo trajo de vuelta a su posición correcta. En otras palabras, lo puso en el terreno donde dijo que debería haber sido fundado, y donde pudiera llevar adelante los principios de la educación cristiana.

Hemos visto que Dios envió instrucciones claras y positivas para guiar a los líderes adventistas del séptimo día en la ubicación y establecimiento de su primer colegio. Se nos ha dicho que esta instrucción no fue totalmente llevada a cabo. Su fe no fue lo suficientemente fuerte como para intentar éste y otros principios muy importantes y fundamentales de la educación cristiana, principios como el de hacer de la Biblia la base de todas las materias de enseñanza; el descarte de la literatura dañina; la eliminación de los cursos tradicionales y sus diplomas; el hacer de la fisiología la base de cada esfuerzo educativo; el adiestramiento manual; el trabajo agrícola; la reforma en los edificios, la dieta, etc.

Los adventistas del séptimo día se aferran a la educación papal:— Su fracaso en todas estas direcciones se debió a la misma experiencia que hizo que los reformadores ingleses dejaran de echar un fundamento para la obra educacional que hubiera calificado a un ejército de misioneros cristianos que dieran el mensaje del primer ángel. "No obstante haber renunciado al romanismo, los reformadores ingleses conservaron muchas de sus formas" (*El conflicto de los siglos*, p. 333). Hemos aprendido que aunque los reformadores ingleses se apartaron de las doctrinas papales, en gran medida por ignorar los resultados no vacilaron en adoptar en conjunto el sistema papal de educación. Pensaron que intercalar un poco de Biblia, y condimentar su enseñanza con algo de instrucción religiosa, constituía educación cristiana. Estaban equivocados. El fruto fue la larga historia de fracasos espirituales en este país. Como resultado de esta ignorancia, las iglesias protestantes fueron conducidas a una condición en que se parecían estrechamente al papado mismo y fueron llamadas Babilonia. Nuestros propios dirigentes adventistas del séptimo día abandonaron estas denominaciones protestantes así como los reformadores ingleses abandonaron las iglesias papales europeas. Se apartaron de las doctrinas papales sostenidas por las iglesias protestantes, así como hicieron los reformadores ingleses. Pero, al igual que los reformadores ingleses, llevaron consigo, de las denominaciones protestantes, un sistema educacional que era papal en espíritu. Los reformadores ingleses lucharon por años para frenar la corriente de apostasía. No entendieron la filosofía de su experiencia religiosa en declive. No obstante, los resultados al fin llegaron, terribles por cierto; quedaron moralmente arruinados y arrojados a un lado porque habían fallado en "ponerse en línea con la educación verdadera". Fue una perspectiva hermosa totalmente destruida por las artimañas del archiengañador. Fue hecha posible por la ignorancia de los principios de la educación cristiana de parte de muchos hombres grandes y buenos.

En estos últimos días, Satanás engañará, si fuera posible, hasta los elegidos. ¿Hay alguna razón por la que no fuera a usar el mismo método que demostró ser tan efectivo en sus manos a través de las edades: en derribar la iglesia judía y la iglesia apostólica; en neutralizar, por medio de los jesuitas, la gran Reforma del siglo XVI; en distorsionar los esfuerzos de los reformadores ingleses que intentaron establecer en las costas de Norteamérica la iglesia para su lucha final?

Repasemos de nuevo el sistema actual de educación mundanal hasta llegar a su fuente. El plan educacional de nuestro primer colegio fue tomado prestado mayormente de los colegios religiosos populares de las denominaciones protestantes. Estas denominaciones recibieron su luz educacional de las instituciones educacionales más antiguas de este país tales como Harvard y Yale; Harvard y Yale, como hemos visto, tomaron prestado los suyos de Oxford y Cambridge; Oxford y Cambridge son hijas de la Universidad de Paris; la Universidad de Paris, presidida por papistas, era totalmente papal, y es la madre de las universidades europeas; ella tomó prestado su sistema educacional de la Roma pagana; la Roma pagana "recogió en sus brazos los elementos de las cultura griega y oriental"; las escuelas griegas obtuvieron su sabiduría e inspiración de Egipto.

> "Los antiguos miraron a Egipto como una escuela de sabiduría. Grecia envió allá a sus filósofos y estadistas ilustres: Pitágoras y Platón, Licurgo y Solón, para completar sus estudios... De aquí que aun los griegos en los tiempos antiguos estaban acostumbrados a tomar prestada la política y el conocimiento de los egipcios" (*A History of Education*, pp. 32-34).

Por lo tanto, Egipto debe ser reconocido como la fuente de toda la sabiduría mundanal que es digna de estudiarse. Este sistema mundanal de educación de Egipto es ciertamente perdurable; o no hubiera llegado hasta nosotros a través de estas largas épocas. Es este mismo espíritu egipcio de la filosofía que ha hecho que la así llamada literatura clásica sea tan atrayente para los hombres de este mundo. Los estudiantes han mantenido viva en el mundo la sabiduría de Egipto, quienes en la escuela han estudiado su filosofía y obtenido su inspiración de los clásicos. Es extraño decirlo, el factor más poderoso para mantener viva esta educación egipcia ha sido la misma iglesia cristiana. Por diversas razones, en momentos diferentes, ella no solo ha permitido sino que ha estimulado a sus jóvenes a estudiar estos escritos. Una y otra vez, la iglesia ha sido engañada por esta sabiduría egipcia, como Eva fue engañada por el conocimiento el bien y del mal. Los cristianos han revestido esta sutil filosofía con un ropaje cristiano (¿reconocen al papado?) y la han esparcido ampliamente.

Esta filosofía egipcia arruinó toda iglesia hasta 1844, y se les dijo a los adventistas del séptimo día que "ahora como nunca antes necesitamos comprender la verdadera ciencia de la educación. Si no entendemos esto nunca tendremos un lugar en el reino de Dios". Dios nos advierte en contra de esta filosofía egipcia en las palabras recién citadas. Esta misma filosofía, tan sutil, es la que Dios recuerda cuando advierte a la iglesia que "si es posible 'él' (Satanás) engañará hasta a los escogidos". Nosotros los jóvenes adventistas deberíamos estudiar al hombre Moisés, quien "instruido en toda la sabiduría de los egipcios", graduado de la institución educacional más elevada del mundo, y reconocido como un gigante intelectual, abandonó todas las cosas que la educación egipcia le habían hecho gozar, y entró en la escuela de preparación de Dios en el desierto.

> "No fueron las enseñanzas de las escuelas de Egipto las que permitieron a Moisés triunfar sobre todos sus enemigos, sino una fe permanente, una fe invariable, una fe que no falló bajo las circunstancias más difíciles" (*Fundamentals of Christian Education*, pp. 345, 346).

Después de gastar cuarenta años en olvidar su educación mundana y obtener sabiduría de Dios, Moisés estaba calificado para ser la cabeza de la mayor escuela industrial alguna vez conocida. "¡Qué escuela artesanal era la del desierto!" (*La educación*, p. 37). En esta escuela, los alumnos demoraron otros cuarenta años para romper el yugo del sistema educacional egipcio, y comprender "la verdadera ciencia de la educación" de modo que pudieran tener un lugar en la tierra de Canaán.

Cristo llama los hombres a que se separen del sistema de educación egipcio:—Pero lo más importante para nosotros, jóvenes adventistas del séptimo día, es estudiar al gran Maestro, de quien se dice: "De Egipto llamé a mi hijo". Tan completamente se llamó al Hijo de Dios que como niño nunca se le permitió asistir ni siquiera a las escuelas de iglesia judías, porque estaban muy saturadas con la educación mundana egipcia. Los niños adventistas del séptimo día tienen la misma posibilidad. Estudien al Maestro en la humilde escuela del hogar en Nazaret, en el taller y en la granja, en los montes y los valles. Él creció en sabiduría hasta que, a la edad de doce años, asombró a los líderes de la iglesia con el fruto de la educación cristiana.

> "Noten las características de la obra de Cristo... Aunque sus seguidores eran pescadores, él no les aconsejó que primero fueran a la escuela de los rabíes antes de entrar en la obra" (*Fundamentals of Christian Education*, p. 359).

¿Por qué? Porque las escuelas de los rabíes estaban llenas de la filosofía griega y egipcia que ciega los ojos a la verdad espiritual. Al maestro de una de estas escuelas Cristo le dijo: "Debes nacer de nuevo".

Dios nos ruega que establezcamos escuelas para nuestros niños para que puedan obtener su sabiduría y comprensión aun en sus años tiernos. Los estudiantes adventistas del séptimo día deberían dar la espalda para siempre a este sistema de educación mundano —la sabiduría egipcia— que ha arruinado la perspectiva de cada iglesia cristiana hasta los adventistas del séptimo día. Y nosotros, individualmente, estamos en peligro de esta misma sabiduría egipcia.

> "Me lleno de tristeza cuando pienso en nuestra condición como pueblo. El Señor no nos ha cerrado el cielo, pero nuestro propio comportamiento extraviado nos ha separado de Dios... Y sin embargo, la opinión general es que la iglesia está floreciente y rodeada de paz y prosperidad espiritual por todos sus contornos. La iglesia ha dejado de seguir a Cristo, su Guía, y con paso firme sigue su retiro hacia Egipto" (*Testimonios para la iglesia*, t. 5, p. 201).

Antes de 1844 el Espíritu de Dios envió mensajes a las denominaciones protestantes contándoles de su condición en un lenguaje muy similar al que acabo de citar. Dejaron de entenderlo, porque, como hemos visto, el sistema papal de educación, que inconscientemente introdujeron en sus escuelas de iglesia, había extinguido su visión espiritual, había ensordecido sus oídos a la palabra de Dios. No entendieron "la verdadera ciencia de la educación"; no "se pusieron en línea con la educación verdadera"; y fueron rechazados. El estudiante de historia de la educación sabe la fuerza de la declaración: "La iglesia... con paso firme sigue su retiro hacia Egipto", porque este sistema de educación papal tiene sus raíces en el conocimiento y la filosofía de Egipto, lejos de la cual Dios siempre ha llamado a su antiguo pueblo. Al darse cuenta de los resultados que han sobrevenido a otros cuerpos cristianos, podríamos descorazonarnos al ver nuestra primera escuela siguiendo mayormente el modelo de los colegios de las iglesias populares, especialmente en vista del hecho de que

> "las costumbres y prácticas de la escuela de Battle Creek salen a todas las iglesias, y los latidos de esa escuela se sienten por todo el cuerpo de creyentes" (*Fundamentals of Christian Education*, p. 223).

Pero tenemos la buena promesa de nuestro Dios.

> "Nuestras instituciones educativas pueden volverse a la conformidad con el mundo. Paso a paso pueden avanzar hacia el mundo; pero son prisioneras de esperanza, y Dios las corregirá e iluminará, y las traerá de vuelta a su posición correcta de distinción del mundo. Estoy observando con intenso interés, esperando ver nuestras escuelas completamente saturadas con el espíritu de la religión verdadera y sin contaminación. Cuando los estudiantes estén así imbuidos, verán que hay una gran obra que debe hacerse en las líneas en las cuales trabajó Cristo, y el tiempo que han dado a los entretenimientos será abandonado para hacer obra misionera ferviente" (*Ibíd.*, p. 290 [9 de ene de 1894]).

Los adventistas del séptimo día llamados a ser reformadores:— Cada leal adventista del séptimo día, percibiendo su paternidad en nuestras instituciones educacionales, y la esperanza extendida a ellas, procurará ayudar a poner en la posición recta a cada escuela que está fuera de armonía con el plan divino. Cada método usado en nuestras escuelas debería ser sometido a la prueba divina. "¡A la ley y al testimonio! Si no dicen conforme a esto, es porque no les ha amanecido". Se debería descartar todo lo que no se demuestre genuino. En lugar de tratar livianamente con la situación, o de complacerse con críticas reaccionarias, como los hombres han tratado las reformas en lo pasado, especialmente aquellas reformas de 1834 a 1844, estudiemos con oración la siguiente instrucción:

> "Nos toca ahora comenzar de nuevo. Las reformas deben emprenderse de todo corazón, alma y voluntad. Los errores pueden ser muy antiguos, pero los años no hacen del error verdad, ni de la verdad error. Se han seguido por demasiado tiempo los viejos hábitos y costumbres. El Señor quiere que maestros y alumnos desechen ahora toda idea falsa. No tenemos libertad para enseñar lo que coincida con la norma del mundo o la norma de la iglesia, sencillamente porque así se suele hacer. Las lecciones enseñadas por Cristo han de constituir la norma. Ha de tenerse estrictamente en cuenta lo que el Señor ha dicho con respecto a la enseñanza que se ha de impartir en nuestras escuelas; pues si en algunos respectos no existe una educación de carácter completamente diferente de la que se ha venido dando en algunas de nuestras escuelas, no necesitábamos haber gastado dinero en la

compra de terrenos y la construcción de edificios escolares" (*Testimonios para la iglesia*, t. 6, p. 147).

El Colegio de Battle Creek, modelo para otras escuelas:—Como el Colegio de Battle Creek fue la primera escuela entre nosotros, su ejemplo fue seguido prácticamente por todas las demás escuelas establecidas por la denominación. Modelaron sus escuelas siguiendo su curso de estudio; y en gran medida, siguieron su plan de ubicación y el diseño de sus edificios.

> "Las costumbres y las prácticas de la escuela de Battle Creek van hacia todas las iglesias, y los latidos de esa escuela se sienten en todo el cuerpo de creyentes" (*Fundamentals of Christian Education*, p. 224).

Estos hechos deberían ayudarnos a entender mejor la declaración hecha cuando se decidió mudar el Colegio de Battle Creek, desde esa ciudad hasta una granja.

> "Estamos agradecidos de que se está mostrando interés en la obra de establecer escuelas sobre un fundamento correcto, como deberían haberse establecido hace años" (*General Conference Bulletin*, 1901, p. 455).

La segunda escuela establecida entre los adventistas estuvo ubicada en Healdsburg, California. Los promotores de esta escuela hicieron un intento de seguir la instrucción del Señor en el asunto de la ubicación. Aunque Healdsburg no estaba ubicada en la ciudad como lo fue Battle Creek, no obstante, como Lot, los fundadores rogaron ir a una ciudad pequeña. El Colegio de Healdsburg se ubicó en la orilla de un pueblo pequeño. Aunque procuraron establecer la labor manual, su ubicación desafortunada, en un terreno muy pequeño, la retención de los cursos y títulos tradicionales, y la fuerte influencia ejercida por el Colegio de Battle Creek, pronto hicieron girar a Healdsburg a la conformidad con el mundo. Pero también se dijeron palabras de esperanza a éste:

> "Paso a paso pueden estar avanzando hacia el mundo; pero son prisioneros de esperanza, y Dios los corregirá e iluminará, y los volverá a su posición recta de distinción del mundo" (*Fundamentals of Christian Education*, p. 290).

Más de un cuarto de siglo después de su establecimiento, el Colegio de Healdsburg fue mudado a un terreno grande cerca de Sta. Helena, California, y el colegio en su nueva ubicación tenía la posibilidad de comenzar su reforma educacional, como se dice que el Colegio de Battle Creek volvió a su posición recta cuando se restableció en el campo.

En *Testimonios para la iglesia*, t. 6, página 143 se le dijo a nuestro pueblo:

"Debieran establecerse escuelas, no tan afectadas o pedantes como las del Colegio de Battle Creek y College View, pero más sencillas y edificios menos ostentosos y con maestros que adopten el mismo plan de las escuelas de los profetas".

Además, en el mismo tomo se nos dice: "Nos toca ahora comenzar de nuevo. Las reformas deben emprenderse de todo corazón, alma y voluntad (*Ibíd.*, p. 147). Hemos visto la necesidad de que los Colegios de Battle Creek y de Healdsburg tuvieran que comenzar su obra de nuevo. Los maestros en estas escuelas ahora tienen una oportunidad de "adoptar los mismos planes que fueron seguidos en las escuelas de los profetas", y entrar en las reformas educacionales "con todo el corazón, el alma y la voluntad".

Cursos tradicionales:—Una de las reformas principales que exige el sistema papal de educación trata con el tema de los cursos y sus títulos, porque la caída moral de las iglesias protestantes puede atribuirse casi directamente a los cursos tradicionales ofrecidos en sus escuelas y los títulos acompañantes. Como regla, sus ministros fueron obligados a terminar un curso y obtener un grado, y esto a menudo afectaba su independencia en seguir la palabra de Dios; controlaba su individualidad y su originalidad. Se decía que los académicos

"eran una representación estereotipada de lo que el curso los hizo; si ellos (los graduados) levantaban a un colega de un pantano, nunca lo acercaban más al cielo que la escuela donde se habían educado... Están satisfechos con compartir el honor de repetir el disparate, verdadero o falso, que pasa por ser verdad, en la escuela o secta que los hizo lo que son" (*Sketches of the Christian Life and Public Labors of William Miller*, p. 16).

Los cristianos primitivos llevaron el evangelio rápida y efectivamente al mundo. En sus escuelas solo enseñaban aquellos temas que prepararían al estudiante para hacer la obra del Señor. Sus educadores eran considerados por el mundo como "extremistas extraños, singulares y excesivamente estrictos". Estos educadores cristianos hacían todo para preparar al estudiante rápidamente para actuar como un buen soldado en la batalla. Los estudiantes no eran detenidos en la escuela para terminar un curso o aceptar un grado, una costumbre en boga en las escuelas mundanas. Más tarde, maestros pagano-cristianos medio convertidos introdujeron la idea de los cursos y títulos que desarrollaron una corporación educacional controlada por los líderes de la iglesia, y no se permitía que ninguno enseñara o predicara hasta que hubiera terminado un curso y recibido un grado.

Una de las objeciones más serias contra este plan es que cierra las mentes de los estudiantes a la verdad. Prácticamente toda reforma religiosa vino por medio de humildes laicos porque los líderes de la iglesia, por regla general, al obtener su educación habían llegado a ser conservadores. La tendencia conservadora es el resultado de pasar por un curso de estudio rígido y mecánico para obtener un grado. El estudiante es mantenido en una huella, en una máquina de caminar; se lo describe como que siempre camina y nunca llega a ninguna parte. En consecuencia, cuando a estos académicos se les presenta la verdad, especialmente si es llevada por un laico, no la miran con aprecio, ya que han llegado a considerarse como el canal regular por medio del cual debe llegar la luz al pueblo. La verdad de esta afirmación la muestran los hechos históricos. Motley, contando la experiencia de los reformadores en Holanda, escribe de este modo la restricción dada a los laicos por el sistema educacional papal:

> "Prohibimos a todas las personas laicas *a conversar o debatir lo concerniente* a las Santas Escrituras, abiertamente o en secreto, especialmente sobre cualquier tema dudoso o difícil, o *leer, enseñar o explicar las Escrituras*, a menos que hayan estudiado teología debidamente y hayan sido aprobados por alguna universidad renombrada" John Lothrop Motley, *The Rise of the Dutch Republic*, p. 134 [en un volumen, ed. De 1863]).

Sin embargo, él añade que,

> "para el inefable disgusto de los conservadores en la iglesia y el estado, hubo hombres con poca educación, totalmente desprovistos de hebreo, de condición humilde —sombrereros, curtidores, tintoreros, y similares— que comenzaron a predicar, recordando, tal vez sin razonarlo, que los primeros discípulos elegidos por el Fundador del cristianismo no todos fueron Doctores en Teología con diplomas de universidades renombradas" (*Ibíd.*, p. 264).

El Señor ve que el curso rígido con sus títulos a menudo trae a la iglesia "muchos sabios según la carne… muchos poderosos… muchos nobles", en lugar de formar dirigentes que perciban que "lo necio del mundo escogió Dios para avergonzar a lo fuerte… a fin de que nadie se jacte en su presencia".

La mayoría de los académicos por 1844 rechazaron el mensaje del primer ángel porque no les vino en la forma regular.

> "La circunstancia de ser predicado el mensaje mayormente por laicos, se presentaba como argumento desfavorable… Multitudes que confiaban implícitamente en sus pastores, se negaron a escuchar el aviso" (*El conflicto de los siglos*, p. 430).

Los adventistas del séptimo día serán probados en el mismo punto:—

> "Cuando llegue el tiempo de hacerlo [dar el mensaje del tercer ángel] con el mayor poder, el Señor obrará por conducto de humildes instru-

mentos, dirigiendo el espíritu de los que se consagren a su servicio. Los obreros serán calificados más bien por la unción de su Espíritu que por la educación en institutos de enseñanza" (*El conflicto de los siglos*, p. 664).

Satanás trabajará con todo su poder de engaño para tener un grupo de hombres a la cabeza de la iglesia adventista del séptimo día en la época del fuerte clamor que considerarán la obra de instrumentos humildes dirigidos por el Espíritu de Dios, quienes no se graduaron de una institución literaria, con la misma desaprobación con que los líderes de las iglesias protestantes antes de 1844 consideraron esas irregularidades. Dios quiere miles de hombres preparados en nuestras escuelas, pero no quieren que ellos reciban tal preparación que su actitud hacia la verdad sea la misma que la de los académicos de otras denominaciones antes de 1844. La cuestión de la importancia más vital para nosotros adventistas del séptimo día es: ¿podemos obtener una educación liberal, práctica para la obra de Dios sin ser manchados en ese adiestramiento? Tiene que haber una salida.

Cuando el Colegio de Battle Creek estimulaba a los estudiantes a tomar cursos que llevan a títulos según el modelo de las escuelas mundanas, recibió la siguiente instrucción: "Los estudiantes mismos no pensarían en tal demora en entrar en la obra si no fueran impulsados por aquellos que supuestamente son sus pastores y guardianes". Se describe este sistema así: "Este proceso es prolongado, añadiendo y añadiendo más tiempo, más materias". El Señor expresó su desagrado en estas palabras:

"La preparación de los estudiantes ha sido manejada en base al mismo principio como el de las operaciones edilicias… Dios está llamando, y ha estado llamando durante años, a hacer una reforma en estas líneas… Mientras se gasta tanto para que unos pocos terminen cursos agotadores de estudio, hay muchos que están sedientos del conocimiento que podrían obtener en pocos meses; uno o dos años se considerarían una gran bendición. Denle a los estudiantes un comienzo, pero no sientan que es su deber mantenerlos año tras año. Es su deber sacarlos al campo de trabajo" (*Fundamentals of Christian Education*, pp. 337, 338).

"El estudiante no debería permitir que se lo ate a ningún curso específico de estudios que involucre largos períodos de tiempo, sino debería ser guiado en tales asuntos por el Espíritu de Dios… Quisiera advertir a los estudiantes que no avancen un solo paso en esta dirección, —ni siquiera siguiendo el consejo de sus instructores o de hombres en cargos de autoridad— a menos que primero hayan buscado a Dios individualmente, con sus corazones muy abiertos a la influencia del Espíritu Santo, y obtener su consejo con respecto al curso de estudios propuesto. Pongan a un lado todo deseo egoísta de distinguirse... Muchos de los estudiantes gradualmente han perdido de vista el motivo y la meta que los hizo entrar en la escuela, y una ambición no santa para asegurarse una educación elevada los ha llevado a sacrificar la verdad... Hay muchos que están amontonando demasiados estudios en un tiempo limitado... Yo les aconsejaría restricción en seguir aquellos métodos de educación en ponen en peligro el alma y anulan el propósito por el cual gastaron tiempo y dinero.

"La educación es una obra grandiosa de la vida... Después que un período de tiempo se ha dedicado al estudio, que ninguno le aconseje a los estudiantes a que entren de nuevo en un plan de estudios, sino más bien que lo aconsejen a entrar en la obra para la cual han estado estudiando. Que se les aconseje a poner en práctica las teorías que han obtenido... Aquellos que están dirigiendo la obra de educación están poniendo demasiada cantidad de estudio delante de aquellos que han venido a Battle Creek para prepararse para la obra del Maestro. Supusieron que era necesario que ellos vayan más profundamente en las líneas educacionales; y mientras siguen diversos cursos de estudios, año tras año de tiempo precioso se están desperdiciando" (*Ibíd.*, pp. 347-352).

"Se ha mantenido delante de los alumnos el pensamiento de que el tiempo es corto, y que deben hacer una rápida preparación para hacer la obra que es esencial para este tiempo... Comprendan que no digo nada en estas palabras para despreciar la educación, sino para advertir a quienes están en peligro de llevar lo que es legítimo a extremos ilegítimos" (*Ibíd.*, pp. 354, 357).

Los resultados de seguir este plan de educación es bien ilustrado por la experiencia del Colegio de Battle Creek cuando estaba trabajando arduamente para seguir los cursos tradicionales que llevan a títulos que sus maestros esperaban que fueran mirados con aprecio por el mundo. Las siguientes palabras muestran el peligro de recibir tal educación:

"El Espíritu Santo ha venido muchas veces a nuestras escuelas y no ha sido reconocido, sino que ha sido tratado como extraño". "Vez tras vez el Mensajero celestial ha sido enviado a la escuela". "El gran Maestro mismo estaba entre vosotros. ¿Cómo le honrasteis? ¿Era él un extraño para algunos de los educadores?" (*Consejos para los Maestros, padres y alumnos*, pp. 66, 356, 349).

Con vergüenza y tristeza somos impulsados a reconocer que nosotros, los maestros, estuvimos como muertos espiritualmente para el Maestro celestial, como estuvieron los académicos para el primer ángel antes de 1844. La mayor objeción planteada en contra de que el Espíritu Santo instruya a los maestros en cuanto a las formas correctas de conducir la escuela en la época, era que sería tomar a los estudiantes de sus estudios regulares y perturbar sus planes para terminar un curso y recibir un grado. Mucha instrucción fue enviada a la escuela sobre el tema de los cursos largos y rígidos, pero los maestros y los alumnos del Colegio de Battle Creek, en extenso grado, se apartaron de la instrucción del visitante celestial. Debemos recordar que el Colegio de Battle Creek no se estableció en el lugar que el Espíritu indicó. No siguió el modelo para su establecimiento; ni siquiera intentó introducir y practicar las reformas educacionales importantes reveladas por el Señor antes de 1844, sino se conformó en obtener sus ideas, vida e inspiración de los colegios de esas denominaciones religiosas que habían rechazado el mensaje del primer ángel.

Ya hemos leído que "las costumbres y prácticas de la escuela de Battle Creek salen hacia todas las iglesias, y los latidos de esa escuela se sienten por todo el cuerpo de creyentes". Por lo tanto, debemos concluir que como todas las iglesias y creyentes estaban más o menos bajo la influencia del Colegio de Battle Creek en esa época, por lo menos una gran proporción de adventistas del séptimo día habría tratado al visitante celestial, si hubiera venido a ellos sugiriendo reformas, como los maestros y los alumnos del Colegio de Battle Creek lo trataron a él. Tal vez, podamos entender por qué Dios dice:

> "El plan de las escuelas que debemos establecer en estos días finales de la obra es de un orden enteramente diferente de los que hemos establecido… Se me ha mostrado que en nuestra obra educacional no hemos de seguir los métodos que han sido adoptados en nuestras escuelas establecidas anteriormente. Entre nosotros, hay demasiado aferrarse a costumbres antiguas, y por causa de esto, estamos muy atrás de donde deberíamos estar en el desarrollo del mensaje del tercer ángel" ("The Madison School", p. 29).

Los fundadores del Colegio de Battle Creek cometieron su error al no seguir el plan que Dios les dio, sino siguieron el modelo de las escuelas del mundo que los rodeaba. En estos últimos días vendrá su prueba. Ustedes no han de seguir el modelo para sus escuelas según las escuelas adventistas del séptimo día establecidas anteriormente, sino han de seguir el modelo divino. Si dejamos de entender este plan divino, no tendremos lugar en el fuerte pregón.

Se requiere una reforma:—Los maestros de Battle Creek en ese tiempo recibieron este aviso:

> "Una sucesión de lluvias del Agua de Vida ha descendido sobre ustedes en Battle Creek… Cada lluvia era un infusión consagrada de influencia divina; pero no la reconocieron como tal, en lugar de

beber copiosamente de las corrientes de salvación tan libremente ofrecidas por medio de la influencia del Espíritu Santo, se volvieron a las cloacas comunes, y trataron de satisfacer la sed de su alma con las aguas contaminadas de la ciencia humana. El resultado ha sido corazones resecos en la escuela y en la iglesia... Pero espero que los maestros no hayan pasado la línea en la que son entregados a la dureza de corazón y ceguera de la mente. Si son visitados de nuevo por el Espíritu Santo, espero que no llamarán a la justicia pecado, y al pecado, justicia. Hay necesidad de conversiones de corazón entre los maestros. Se requiere un cambio genuino de pensamientos y métodos de enseñanza para ponerlos donde tengan una relación personal con un Salvador viviente... Dios se acercará a los estudiantes porque ellos son desviados por los educadores en quienes ponen su confianza" (*Fundamentals of Christian Education*, pp. 434, 435).

La instrucción que vino a Battle Creek por años muestra que, durante todos esos años, la institución estuvo perturbada acerca de importantes principios de educación cristiana. Nació con ideas falsas de educación en su constitución, y no se dio cuenta de la causa de su debilidad. Bebió de corrientes más o menos contaminadas con sabiduría mundanal, pero no conoció su peligro. Era portadora de gérmenes educacionales, y falló también en darse cuenta de eso. Los testimonios directos enviados a la institución deben convencer a cualquier creyente en los testimonios, que el Colegio de Battle Creek tenía gran necesidad de reforma educacional.

El Colegio de Battle Creek hizo reformas radicales no mucho después que le enviaron este mensaje. Abandonó los cursos regulares de grado, y al mismo tiempo enriqueció el currículo con una cantidad de materias muy prácticas para el misionero adventista del séptimo día, y se consideraba fundamental "la libertad en la elección de los estudios" (*Education in the United States*, p. 197). Cada estudiante, con la ayuda de los maestros, elegía aquellos estudios que consideraban más esenciales para la obra de su vida. La fortaleza de los docentes se hacía sentir fuertemente sobre esas materias que habían sido descuidadas y por las cuales Dios había estado llamando por años. Cuando la escuela se separó de los cursos y títulos estereotipados, se encontró mucho más capaz de seguir la instrucción enviada por el Señor, y el resultado fue que en poco tiempo el Colegio de Battle Creek estuvo plantado en una hermosa granja. Se le dio la oportunidad de ponerse de pie, y entonces vino esta declaración sumamente notable: "Es el comienzo de la reforma educacional". "Ninguna institución educativa puede ponerse en oposición a los errores y corrupciones de esta época degenerada sin recibir amenazas e insultos, pero el tiempo pondrá a tal institución sobre una plataforma elevada" (*General Conference Bulletin*, 1901, p. 454).

Este tema ha sido tratado en forma tan completa, porque algunos de ustedes, estudiantes, cuestionan el por qué no disponemos los estudios en cursos que conducen a títulos. Ustedes debieran saber dónde están parados, y por qué están allí, y debieran preguntar: "¿Estoy siguiendo el plan establecido por el Colegio de Battle Creek, que afectó seriamente a cada iglesia en la denominación, o estoy siguiendo ese otro plan del que el Señor dijo, 'Es el comienzo de una reforma educacional'?"

Los títulos y adónde conducen:—Los títulos se han mencionado indirectamente, porque son la recompensa de los cursos tradicionales. Si no fuera por los títulos, sería imposible mantener a la mayoría de los estudiantes en un curso prescrito. Sin embargo, el elemento más peligroso en el otorgamiento de títulos no parece que lo comprenden los educadores cristianos que se aferran a la costumbre. Un grado es una señal o sello de autoridad. En la iglesia cristiana, "el otorgamiento de títulos fue originado por un papa" como una señal de su autoridad sobre el sistema educativo. Hoy los títulos son conferidos por el Estado, y el Estado no tiene derecho de poner su sello en la obra de una institución a menos que pueda aprobar el sistema de educación ofrecido por esa escuela. El grado es una señal de su aprobación. Cualquier escuela adventista del séptimo día que confiera títulos, por ello invita la inspección del Estado, y debe aceptar las normas del mundo y ponerse en conformidad con el sistema mundanal de educación. Pretendiendo conducir escuelas cristianas, sin embargo, buscamos enseñar de tal modo que pueda satisfacer el sistema mundano. Con el tiempo, el Estado demandará una conformidad absoluta a su sistema, o rehusará otorgar títulos. Si estamos edificando nuestra obra de tal manera que animemos a los alumnos a procurar títulos, hay un gran peligro de que comprometamos la verdadera ciencia de la educación a fin de retener el sello o marca del Estado. Los adventistas del séptimo día no ignoramos el eco de que aún hoy el papado tiene el control prácticamente de toda educación, y en breve tiempo esto será abiertamente reconocido. Entonces la inspección de nuestras escuelas que confieren títulos será hecha directamente por el papado, y un grado, si se confiere vendrá directamente de esa organización. Será un sello o una marca de la bestia. Otros protestantes fallaron aquí. ¿Qué haremos nosotros, los estudiantes adventistas del séptimo día? Un educador resumió todo el tema de los títulos como sigue:

> "Desde la primera introducción en la escuela, el tomar su grado final, maestros, padres, y amigos que ayudan en las finanzas, conspiran en

sus esfuerzos para estimular al muchacho a seguir delante de los otros. Los hombres visten los títulos como las mujeres usan finos sombreros, joyas en su cabello, anillos en sus orejas y en sus dedos, y alegres cintas que flotan en la brisa. Considere, por ejemplo, el valor ornamental de un A. M., M. S., Ph. D., o el valor social de combinaciones tan tremendamente decorativas como las que gozó el Sr. James Brown, A. M., Ph. D., LL. D., D. D. Cada uno de estos títulos cuesta tanto como un diamante de un tamaño moderado, o una perla grande (no la Perla de gran precio), y se usa por prácticamente la misma razón. No indica necesariamente nada. John Smith, el sastre; James Brown, el herrero; el Sr. Jones, topógrafo, son ejemplos de títulos, que producen en la mente algo más que el mero efecto decorativo. Estos indican el oficio o profesión con la cual el hombre se gana la vida".

Por cuanto el grado sencillamente pone a su poseedor en una posición que lo distingue de aquellos que no lo tienen, y no es una indicación de poder para hacer, los hombres mundanos que construyen una aristocracia educacional sienten que es necesario, para protegerse a sí mismos, limitar el poder de conferir títulos. Ellos dicen: "Debiera haber una legislación que regula el otorgamiento de títulos académicos". El siguiente extracto de un informe firmado por una cantidad de presidentes de universidades renombradas, aparece en las columnas de la *Educational Review:*

"El poder de conferir títulos no se otorgará a cualquier institución que tenga requisitos de admisión y de graduación menores que la norma mínima establecida por la comisión, a cualquier institución cuya dotación productiva no sea igual a por lo menos $100.000,00. La ley es admirable, y debiera ser adoptada por cada estado de la unión a fin de que la educación ilegal siga el camino de los bancos ilegales" (Nicholas Murray Butler, *Educational Review*, 1891, t. 16, p. 103).

Ustedes estarán interesados en la siguiente declaración contenida en una carta, escrita por el Secretario de Educación de la denominación adventista del séptimo día, en 1896, con respecto a una entrevista con la Sra. Elena G. de White sobre este tema:

"Le expliqué la importancia de los títulos y el significado que se le atribuye, y el curso general de estudios que representa a los ojos de otros educadores, y su idea pareció ser que no hay necesidad de que prestemos atención a estas cosas; que lo que deseamos hacer es educar para ser útiles aquí y en el reino eterno futuro; y que la cuestión con nuestro pueblo no es si un joven tiene un título, sino si tiene una preparación apropiada de modo que pueda ser una bendición para otros en esta obra... Yo quisiera sentirme perfectamente libre para arreglar la obra así como pensé que sería mejor para los jóvenes y para la obra, sin estar atado por la idea de que debe mantenerse un curso de estudio de modo que pueda conferirse títulos en forma consistente".

El objeto de nuestras escuelas debería ser preparar a los estudiantes para llevar el mensaje de la segunda venida de Cristo a todo el mundo, y a prepararlos con prontitud.

"Su obra no ha de esperar mientras sus siervos realizan preparaciones maravillosamente elaboradas como las que nuestras escuelas tienen planes de dar" (*Fundamentals of Christian Education*, p. 346).

Esperemos que los adventistas del séptimo día puedan evitar esas trampas en las que cayeron las denominaciones protestantes antes de 1844.

4. Principios Educativos

"Antes de que llevemos el mensaje de la verdad presente en toda su plenitud a otros países, debemos primero quebrar todo yugo. Debemos ponernos en línea con la verdadera educación caminando en la sabiduría de Dios, y no en la sabiduría del mundo. Dios demanda mensajeros que sean verdaderos reformadores. Tenemos que educar, educar, preparar a un pueblo que entenderá el mensaje, y luego dará el mensaje al mundo" ("The Madison School", p. 30).

El objetivo de estos estudios ha sido ayudar a ustedes, los estudiantes, a comprender la instrucción en el párrafo recién leído, para que eviten las trampas educacionales, y para que puedan "ponerse en línea con la verdadera educación", y tener una parte en llevar el mensaje al mundo.

Repasaremos brevemente el tema, y enumeraremos importantes principios educacionales que se encuentran en ambos sistemas. A medida que se los presente, decidan ustedes cuál será su actitud hacia cada uno, y evalúen su razón para tomar esa posición. Les pedimos que hagan esto con la esperanza de que fortalecerá su posición sobre los temas educacionales, y les ayude a "ponerse en línea con la verdadera educación", y de este modo estar mejor preparados para llevar el mensaje del pronto regreso de Cristo. Se lo hace con la esperanza de que sientan más plenamente la profunda importancia de la declaración:

> "Ahora, como nunca antes necesitamos entender la verdadera ciencia de la educación. Si dejamos de comprender esto, nunca tendremos un lugar en el reino de Dios" (*Christian Educator,* 1º de agosto de 1897).

1. Los protestantes mantienen a sus hijos en la iglesia cuando reciben educación cristiana. Pierden a estos niños cuando asisten a escuelas que tienen el sistema papal. Melanchton dijo: "La Religión no puede mantenerse sin ellas (las escuelas)".

2. El sistema papal de educación nunca es un modelo apropiado para las escuelas protestantes. Lutero y Melanchton reconocieron esto. En conformidad con esto, reformaron el sistema escolar, cambiando el currículo, los textos y los métodos de enseñanza.

3. Algunas escuelas, cristianas en su forma, siguen el sistema papal, intercalando un poco de Biblia, y sazonando el curso con teología pro-

testante. John Sturm hizo esto. Así lo hicieron algunas escuelas desde los días de Sturm.

4. Esta combinación de sistemas educacionales —cristiano y papal mezclados— siempre abre el camino para controversias teológicas sobre sutilezas, y se descuida a los estudiantes por cazar herejes. Siempre termina en una victoria para el papado sobre el protestantismo.

5. El sistema papal de educación hace un Moloc de materias abstractas y adora en su altar. Obtiene su fuerza de repetir fórmulas sin sentido, y "un estudio muerto de palabras ocupa el lugar de un conocimiento vivo de cosas". El atestar la mente y una memorización formal son los métodos exaltados de sus maestros. La emulación, los premios y recompensas son estimulantes necesarios para "una ejercitación mecánica y obligatoria en fórmulas ininteligibles", y sus largos cursos estereotipados terminan en títulos, la señal o marca del sistema. Es la subyugación de las mentes humanas a la autoridad de alguien más arriba, la supresión del pensamiento libre por una supervisión estricta y no natural, en lugar del gobierno propio. Aparta de la naturaleza, de la obra de la naturaleza, y del Dios de la naturaleza, y se centraliza en ciudades e instituciones de fabricación humana. Esto es la educación papal, y su recompensa es el título conferido al final del curso tradicional.

6. Cada escuela es el latido de alguna organización; del estado, si es una escuela estatal; del papado, si es una escuela papal; y de la iglesia cristiana si es una escuela cristiana. Cualquier sistema educacional que enseña mecánicamente cursos estereotipados que conducen a títulos, resultará con el tiempo, en el desarrollo de un credo por su organización controladora: un credo escrito, o tal vez solo consistente en las opiniones de quienes están en el poder, pero de todos modos, es un credo, de acuerdo con el cual todo el que no reconoce su poder para darle la iniciación, es considerado irregular o independiente.

7. La educación protestante permite al estudiante la libertad en la elección de sus estudios. Esta libertad del curso estereotipado lleva fruto en una iglesia que provee diferencias de opinión sin el clamor de "herejía". Los cursos y títulos son un elemento esencial en un directorio religioso. Los directorios, en la naturaleza misma de las cosas, no puede usar a quienes cuestionan su autoridad; aquellos que difieren, deben ser aplastados.

8. Hay solo dos sistemas de educación, uno inspirado por la Palabra de Dios y uno por otra literatura. La escuela cristiana no solo tiene el estudio de la Biblia en el centro de su currículo, sino que los principios bíblicos son la guía de la vida del estudiante, y el espíritu de la Biblia es

la inspiración de la escuela. Si los principios de la Biblia no son el fundamento de todas las materias y la base de toda enseñanza, esa escuela, aun cuando sea cristiana de nombre, ha absorbido los principios papales. Oberlin, rompiendo con el sistema papal antes de 1844, "restauró la Biblia a su lugar como un libro de texto permanente", y los autores paganos e incrédulos son eliminados.

9. Cualquier sistema de educación que exalte la Biblia recibirá luz sobre la reforma pro salud, la sencillez en el vestir, la vida en el campo, etc. Oberlin, preparándose para el clamor de medianoche antes de 1844, aceptó la luz en estos temas. Los estudiantes descartaron el uso de la carne, el tabaco, los condimentos, el té y el café, pasteles suculentos, panes calientes, usaban harina de Graham, descartaron los alimentos empalagosos, vestimenta costosa, joyas, aceptaron el campo como el hogar de Dios para el hombre, etc. Estas mismas reformas serán llevadas a cabo en su totalidad por aquellos que se preparan para el fuerte clamor.

10. Las escuelas cristianas se satisfacen con edificios y equipos sencillos y modestos, pues deben dar una verdad grande y poderosa. Las escuelas papales deben tener edificios masivos, y equipamiento elaborado, pero están satisfechos con poca verdad o ella adulterada. Jefferson y otros que estudiaron grandes verdades captaron la idea de edificios sencillos. El fuerte pregón será introducido por escuelas que se satisfacen con edificios y equipos sencillos, pero harán una obra grande.

11. La educación cristiana no se satisface con solo aprender las cosas en la mente. Lo que se estudió debe ser puesto en práctica. La educación manual, es una parte del currículo de cada escuela cristiana. El sistema papal se conforma con que aprendan y tengan el conocimiento sin hacer ninguna aplicación práctica. Sus estudiantes están siempre aprendiendo, pero nunca pueden llegar a un conocimiento de la verdad. La formación manual no es una parte esencial de su educación. Antes de 1844, los reformadores en educación establecieron muchas escuelas de preparación manual donde se les enseña a los estudiantes la agricultura, la horticultura, la jardinería, diversos oficios, tales como herrería, carpintería, fabricación de telas, imprenta, ciencias domésticas, fabricación de vestimenta, cuidado de los enfermos, etc. Se estaban separando del papado, y se acercaban a estar "en línea con la verdadera educación". Debido a que el fuerte pregón encontrará escuelas que habrán edificado sobre estas reformas, los resultados serán mayores.

12. Las escuelas de adiestramiento cristiano hacen provisión para la cultura física y ejercicios saludables, al proveer abundancia de trabajo

útil. La educación papal hace poca provisión para la preparación manual, por lo tanto el atletismo, los deportes, los juegos y los gimnasios llegan a ser sustitutos artificiales para el plan de Dios para el ejercicio físico. Las escuelas que preparan estudiantes para el fuerte clamor deben completar el trabajo que iniciaron.

13. Las escuelas cristianas tienen como uno de sus objetivos más importantes el preparar a los estudiantes para gobernarse a sí mismos, para ocupar sus lugares, no como miembros dependientes y sin vida de la iglesia, sino como obreros independientes y originales, bajo la dirección del Espíritu de Dios, todos cooperando en armonía con los principios divinos. El sistema papal no hace esfuerzos para preparar a sus estudiantes para gobernarse a sí mismos, pues tal preparación es fatal para la organización de la iglesia papal. El gobierno propio apareció como una parte integral de la reforma educacional antes de 1844. ¿Aparece en tu escuela?

14. Cada misionero cristiano debería ser un productor. En otras palabras, debería ser de sostén propio. No se puede iniciar ningún movimiento religioso grande, o realizarse con éxito, si no se tiene un ejército de miembros laicos que son misioneros activos de sostén propio. Las escuelas cristianas no tiene objetivo mayor que el de preparar tal ejército. Las escuelas papales tienen que evitar esto, porque es destructivo para su sistema de organización que controla a los hombres. Las escuelas cristianas antes de 1844 captaron esta idea de preparar misioneros para el clamor de medianoche. Los dirigentes de la iglesia suprimieron esta reforma. Las escuelas cristianas antes del fuerte pregón prepararán un ejército de obreros de sostén propio.

15. Los lugares necesitados del mundo están llamando a misioneros de sostén propio. Cuando la iglesia se opuso a que Oberlin preparase misioneros, y rehusara darles un lugar en su trabajo regular, miles de ellos salieron a los nativos, a los libertos, a los montañeses blancos, y a países extranjeros, bajo la dirección de la Sociedad Misionera Norteamericana, una organización creada por obreros de sostén propio.

16. Los docentes de Oberlin, a fin de hacer que su escuela tuviera éxito, se sacrificaron profundamente en el asunto de salarios. Sus estudiantes fueron estimulados a ir donde el Señor los llamara, con poca preocupación por el tema de la remuneración. Oberlin consideró que era su deber como también su placer, ayudar a los estudiantes a encontrar la obra de su vida.

17. Los maestros de Oberlin acortaron el tiempo que los estudiantes pasaban en la escuela, e hicieron que su preparación fuera práctica al correlacionar el trabajo del aula con las reformas que deseaban que sus alumnos aceptaran.

18. La oposición a Oberlin, mientras estuvo en línea con la verdadera educación, le trajo amigos y sus recursos, y su asistencia aumentó.

19. La oposición de afuera es un asunto serio para una escuela cristiana, pero mientras la escuela se mantuvo en "línea con la verdadera educación", la oposición solo fortaleció la reforma. Pero la larga y continua oposición interna es destructiva. Fue responsable por la caída de la Reforma del siglo XVI; arruinó el movimiento en 1844.

20. El espíritu de un padre es necesario para la prosperidad y el éxito continuado de las reformas educacionales. Oberlin tuvo esta bendición en un grado notable. Considera la ventaja de tener un maestro, fuerte como reformador, en su personal docente por cincuenta años.

Estudiantes, ¿están haciendo todo lo que pueden para que su escuela esté "en línea con la verdadera educación"?

5. Materias Prácticas para el Currículo

"Los alumnos están en nuestras escuelas para recibir una preparación especial y familiarizarse con todos los ramos de trabajo manual, de modo que si tuvieran que ir como misioneros puedan valerse por sí mismos y ser aptos, merced a sus perfeccionadas aptitudes, para proporcionarse las comodidades y facilidades necesarias" (*Testimonios para la iglesia*, t. 6, p. 211, 212).

"Sean los estudios generalmente pocos y bien elegidos, y los que asisten a nuestros colegios han de tener una preparación diferente de la de las escuelas comunes de su tiempo" (*Christian Education*, p. 47).

Además de estos ramos generalmente considerados esenciales, tenemos los siguientes que nuestras escuelas deberían enseñar, de modo que los estudiantes, al salir de la institución, estén equipados no solo para enseñarlos a otros, sino para usarlos para su propio sostén:

Carpintería y construcción:—

"Bajo la dirección de obreros de experiencia… los mismos alumnos deben levantar edificios en los terrenos de la escuela… Así aprenderán… a construir de una manera económica" (*Testimonios para la iglesia*, t. 6, p. 180).

Agricultura, fruticultura, jardinería:—

"El estudio en materia de agricultura debe ser el ABC de la educación en nuestras escuelas… Se deben plantar frutales pequeños y cultivarse flores y verduras… (Los alumnos) han de sembrar… plantas de adorno y árboles frutales" (*Ibíd.*, pp. 183, 185).

Diversos oficios:—

"Se debieran establecer los recursos necesarios para enseñar a trabajar en herrería, pintura, zapatería, cocina, panadería lavandería, reparaciones en general, mecanografía e imprenta" (*Ibíd.*, p. 186).

Ganadería y avicultura:—

"Se ha enseñado a los estudiantes… a cuidar sabiamente del ganado y las aves" ("An Appeal for the Madison School", p. 1).

Enfermería:—

"Preparar para la obra médico misionera es uno de los objetivos más grandiosos para los cuales se puede establecer cualquier escuela" (*Íd.*).

Tareas domésticas:—

"Los niños y las niñas deberían saber en qué consisten los deberes domésticos. Tender las camas, ordenar la pieza, lavar la loza, preparar la comida, lavar y remendar la ropa son actividades que, como educación, no menoscabarán la virilidad de ningún muchacho... Y si las niñas, a su vez, pudieran aprender a ensillar y conducir un caballo, manejar el serrucho y el martillo, lo mismo que el rastrillo y la azada" (*La educación*, p. 216, 217).

Cocinar y coser:—

"Debería haber maestros experimentados que den lecciones a las señoritas en el departamento de cocina. Las señoritas deberían haber sido instruidas para fabricar ropa de vestir, a cortar, hacer y reparar la vestimenta" (*Christian Education*, p. 19).

Sostén propio:—Los estudiantes "han estado aprendiendo a sostenerse a sí mismos, y no se podría recibir ninguna preparación más importante que ésta" ("An Apppeal for the Madison School", p. 1). "Y la lección del sostén propio, aprendida por el alumno, contribuirá en gran medida a preservar de las deudas a las instituciones de enseñanza" (*La educación*, p. 221).

Trabajo manual:—Hay ciencia en el trabajo manual que los educadores cristianos deben reconocer. Desarrolla el cerebro así como es una manera de sostenerse físicamente. Los científicos han encontrado que el desarrollo mental simétrico es imposible aparte de esta preparación física, porque por el uso de la mano se desarrolla un área importante del cerebro. Además, hay por delante un tiempo de aflicción cuando los que están "en línea con la verdadera educación" no tendrán acceso a la maquinaria que es tan común hoy, y mucho de lo que se hace hoy en fábricas y talleres tendrá necesariamente que hacerse a mano. Pero el éxito en esto como en toda reforma será proporcional al amor que uno tiene por la causa. El educador que habló del trabajo manual como "una educación de mango de azada" provino de una escuela cuyo directorio proveyó instalaciones para enseñar agricultura y diversos oficios, pero todos ellos habían sido descuidados. La actitud de ese docente hizo que los estudiantes sintieran que estos ramos importantes fueran solo secundarios.

Necesidad de un programa cambiado:—Muchos de los ramos en el currículo, dijo el Señor, no son esenciales y deberían ser eliminados. Estos estudios prácticos, dice él, son esenciales, pero no pueden encontrar su lugar apropiado junto a las materias intelectuales hasta que el programa, seguido por años y adaptado al antiguo orden, sea radicalmente cambiado para atender las nuevas demandas. Además, es necesario hacer una cantidad de reformas radicales antes que un programa pueda ser arreglado que les dé a los estudiantes una oportunidad de ganar sus gastos escolares mientras estudian.

"Necesitamos escuelas que sean de sostén propio, y esto puede ocurrir si los maestros y los alumnos son ayudadores, industriosos y económicos" ("Words of Encouragement to Self-supporting Workers", p. 28 [24 de ene. de 1907]).

Necesitamos tener escuelas de esta clase para preparar los misioneros que Dios requiere para el fuerte clamor.

Escuelas de un nuevo orden:—

"El plan de las escuelas que debemos establecer en estos años finales de la obra han de ser un orden enteramente diferente de los que hemos instituido.. Hay entre nosotros demasiado aferramiento a las viejas costumbres; y por causa de esto, estamos muy atrasados de donde deberíamos estar en el desarrollado del mensaje del tercer ángel. Por cuanto los hombres no pudieron comprender el propósito de Dios en los planes presentados delante de nosotros para la educación de obreros, los métodos que han seguido en algunas de nuestras escuelas han retardado más bien que avanzado la obra de Dios" ("The Madison School", p. 29).

En las escuelas con el nuevo orden de cosas encontraremos que, además de otros estudios esenciales,

"Se ha enseñado a los alumnos a cultivar sus propias cosechas, a edificar sus propias casas, y a cuidar sabiamente del ganado y las aves. Han estado aprendiendo a sostenerse a sí mismos, y no podrían recibir una preparación más importante que ésta. De este modo, han obtenido una educación valiosa para utilidad en los campos misioneros.

"A esto se añade el conocimiento de cómo tratar a los enfermos y de cuidar a los heridos. Esta preparación para la obra médico misionera es uno de los objetivos más grandiosos para los que cualquier escuela puede establecerse... La obra educacional en la escuela y el sanatorio pueden ir de la mano. La instrucción dada en la escuela beneficiará a los pacientes, y la instrucción dada a los pacientes del sanatorio será una bendición para la escuela... La clase de educación dada... es tal que será contada como un tesoro de gran valor por los que asumen la obra misionera en campos extranjeros. Si muchos más en otras escuelas recibieran una preparación similar, nosotros como pueblo seríamos un espectáculo al mundo, a los ángeles, y a los hombres. El mensaje sería proclamado rápidamente a cada país, y las almas ahora en la oscuridad podrían ser traídas a la luz.

"El tiempo llegará pronto cuando el pueblo de Dios, por causa de la persecución, será esparcido en muchos países. Aquéllos que recibieron una educación completa tendrán una gran ventaja dondequiera se encuentren. El Señor revela divina sabiduría al conducir de este modo a su pueblo para adiestrar todas sus facultades y habilidades para la obra de diseminar la verdad... Ustedes no tienen tiempo que perder. Satanás pronto se levantará para crear obstáculos; siga adelante la obra mientras es posible... Entonces la luz de la verdad será llevada de una manera sencilla, efectiva, y se realizará una gran obra para el Maestro en poco tiempo... Hemos de aprender a contentarnos con comida y ropa sencilla, para que se puedan ahorrar recursos para invertir en la obra del evangelio" ("An Appeal for the Madison School", pp. 1-3).

Hay esperanza:—Es vuestro deber como estudiantes el procurar descubrir cuál es el plan de Dios para nuestras escuelas, y que esta breve historia los capacite para comprender mejor la clase de educación que existía en nuestras escuelas más viejas de modo que puedan evitarla. Permítanme impresionarlos de nuevo con el pensamiento de que deben buscar a Dios por ayuda para evitarles tener yugos mundanos de educación puestos sobre vuestros cuellos, aún por sus maestros. Recuerden que Dios ha dicho estas palabras agudas a nosotros maestros y alumnos:

"Estamos en un peligro positivo de traer a nuestra obra educacional las costumbres y modas que prevalecen en las escuelas del mundo" ("The Madison School", p. 28).

Hemos pasado años peregrinando en el desierto de la educación mundana. Si nos falta fe y valor para entrar en esta reforma, Dios levantará hombres que la harán. Ya sabemos de educadores mundanos que miran con aprecio el plan de educación que se nos ha entregado. Por ejemplo, el Comisionado de Educación de los Estados Unidos, Dr. P. P. Claxton, como Horacio Mann en el pasado, tiene simpatía por él; y después de haber visitado una cantidad de escuelas que están esforzándose por aplicar estas reformas, expresó a un grupo de maestros s aprecio por el sistema de educación en las siguientes palabras:

"Desearía que me fuera posible estar presente en la reunión de maestros y enfermeros de las escuelas rurales que están celebrando esta semana. Estoy grandemente interesado en la obra que están haciendo estas escuelas. La obra que están haciendo en Madison es notable y digna de alabanza. Si ustedes tienen éxito permanente en mantener la escuela sobre su base actual, no puede dejar de realizar mucho bien. La obra que están haciendo es altamente practicable, y me parece estar basada en importantes principios fundamentales de la educación. Lo mismo es cierto de las pequeñas escuelas que visité, y observaré su progreso con el mayor interés. Creo que ustedes tendrán éxito en realizar lo que tienen en mente.

"Toda educación debe crecer de la vida de la gente educada. Ustedes y los maestros que están produciendo están sabiamente reconociendo este principio. A fin de educar a los niños, los padres también deben ser educados. Toda verdadera educación debe ser una educación de toda la comunidad, y debe aferrarse a la vida que vive la gente, haciéndolos más entendidos acerca de esta vida. Es difícil, y prácticamente imposible obtener mejores condiciones hasta que se entiendan las condiciones existentes".

¿Tenemos el espíritu de Caleb y Josué, y diremos: Somos capaces, con la ayuda de Dios, de edificar una escuela "en línea con la verdadera educación"? Debemos recordar la promesa de que nuestras escuelas "son prisioneras de esperanza, y Dios las corregirá e iluminará y las devolverá a su posición erguida de distinción del mundo". Si estamos dispuestos y somos obedientes, Dios nos dará la victoria que necesitamos.

"Que nuestros administradores, maestros o auxiliares no vuelvan a sus viejas costumbres de permitir que influyan negativamente sobre los planes mismos que el Señor ha presentado como el mejor plan para la educación física, mental y moral de nuestros jóvenes. Dios reclama pasos de progreso" (*Review and Herald*, 27 de dic. de 1901).

"Maestros, confíen en Dios, y sigan adelante. 'Mi gracia es suficiente', es la seguridad del Gran Maestro. Capten la inspiración de las palabras, y nunca hablen de dudas e incredulidad. Sean enérgicos. No hay un servicio a medias en la religión pura y sin mancha" (*Fundamentals of Christian Education*, p. 436).

"Antes de que podamos llevar el mensaje de la verdad presente en toda su plenitud a otros países, primero debemos romper todo yugo. Debemos ponernos 'en línea con la verdadera educación, caminar en la sabiduría de Dios, y no en la sabiduría del mundo. Dios llama a mensajeros que quieran ser verdaderos reformadores. Debemos educar, educar, para preparar a un pueblo que comprenda el mensaje, y luego dar el mensaje al mundo'" ("The Madison School", p. 30).

"Ahora como nunca antes necesitamos entender la verdadera ciencia de la educación. Si dejamos de entender esto nunca tendremos un lugar en el reino de Dios".

APÉNDICES

Apéndice A — La escuela de Madison

Elena G. de White
1908

Capítulo 1 — Animen a los obreros

Sanitarium, California
4 de marzo de 1907.

Se me ha instruido que debería estimularse la obra en el sur, y que debería darse ayuda especial a la obra en Nashville, Madison y Hunstville.

En la escuela de Madison ha sido necesario trabajar con la más estricta economía a fin de que la obra educacional comenzada pueda llevarse adelante. Que nuestros hermanos que tienen recursos recuerden esta escuela y sus necesidades.

Los hermanos Sutherland y Magan hicieron una buena obra en Berrien Springs; en sus tareas en ese lugar fueron más allá de sus fuerzas, poniendo en peligro su salud y aún sus vidas. En sus esfuerzos en Madison, están trabajando demasiado, y en medio de dificultades. Estos hermanos necesitan no solo nuestra confianza, sino también nuestra ayuda, para que puedan poner a la escuela de Madison donde pueda realizar la obra que Dios quiere que haga. Oro para que el Señor santifique la comprensión de nuestro pueblo, para que estos hombres no sean abandonados, y sacrifiquen su salud en el trabajo que están tratando de hacer. Oro que los docentes y los estudiantes puedan tener la sabiduría y el valor de actuar bien su parte, y que puedan ser especialmente bendecidos al hacer de la escuela un éxito.

Es imposible hacer de Madison la escuela que debería ser, a menos que se le dé una porción liberal de los recursos que sean apropiados para la obra en el sur. ¿Harán los hermanos su parte en el espíritu de Cristo?

El sur ha de ser especialmente favorecido ahora, por causa de la negligencia del pasado. La expiación por el fracaso del pasado de atender las necesidades de este campo, debiera ser plena y amplia. Las instituciones en el sur que por años deberían haber estado en un terreno ventajoso, han de ser especialmente favorecidas. La escuela de Huntsville debe ser animada a ampliar su obra. Debería dársele toda ventaja posible a estas escuelas, para que puedan mostrar lo que se puede hacer al lograr que la tierra ceda sus tesoros. Las escuelas de Madison y de Huntsville han de ser una lección objetiva para el pueblo a su alrededor.

Se me mostró que hay peligro de que estas escuelas estén restringidas en sus planes y limitadas en sus ventajas. Esto no debería ser así. Debería hacerse todo lo posible para estimular a los estudiantes que necesitan la clase de instrucción que esas escuelas pueden dar para que puedan salir adecuadamente instruidos para hacer la obra en favor de otros que necesitan la misma educación y preparación que ellos recibieron. Los campos se están abriendo en todas partes a la obra que tales obreros podrían hacer.

Deberíamos hacer todo lo que podamos para poner la obra en Nashville y sus alrededores sobre una base sólida. La obra debería ser conducida con sencillez, y de una manea que recomiende la verdad. Hay muchos lugares en el sur abiertos a nuestra obra; pero de todos modos iniciemos en las ciudades importantes, y llevemos el mensaje *ahora*. "Porque así dice Jehová de los ejércitos: De aquí a poco yo haré temblar los cielos y la tierra, el mar y la tierra seca; haré temblar a todas las naciones; vendrá el Deseado de todas las naciones y llenaré de gloria esta Casa, ha dicho Jehová de los ejércitos".

Capítulo 2 — La búsqueda de un terreno

En el vapor "Morning Star", en el río Cumberland,
13 de junio de 1904.
Pastor A. G. Daniells,
Washington, D. C.

Apreciado pastor Daniells:

Estamos regresando de nuestro viaje río arriba buscando un terreno apropiado para la obra educativa. Fuimos de Nashville a Carthage, una distancia de unas ciento setenta millas por el río [270 km] y setenta y ocho millas por ferrocarril [125 km]. Vimos varios lugares; pero la tierra fértil río arriba tiene un precio muy elevado para nosotros como para pensar en comprarla para la escuela.

Mañana de mañana llegaremos a Edgefield Junction que está a solo doce millas [20 km] de Nashville. Quedaremos allí por el resto del día;

porque deseamos visitar una granja que está a la venta en Madison, a unas nueve millas [14 km] de Nashville, y dos y media millas [4 km] del ferrocarril. Se dice que esta granja contiene casi cien acres [40 hectáreas] de buena tierra fértil, más algo más de cien acres [40 ha] de tierra agrícola de segunda, adecuada para granos y frutas, y unos doscientos acres [80 ha] de praderas. Pensamos que se la puede comprar por unos doce mil dólares. Se dice que en el terreno hay más de dos mil dólares de ganado y maquinaria agrícola. Deseo mirar esa granja, y si es la voluntad de Dios, lo haremos mañana de tarde. La granja tiene una casa espaciosa, establos, y otros edificios, dos millas y media [4 km] de buenos cercos de piedra. Considerando sus ventajas, el precio es menor que cualquier otro que hayamos visto en esta parte de Tennessee.

Debiéramos entrar de inmediato después de establecernos, en lugares adecuados cerca de Nashville, y fundar una escuela para niños blancos y una escuela para niños de color. Los obreros de Nashville ganarán influencia desde estos centros de trabajo. Los docentes en estas escuelas pueden ayudar a la obra en Nashville.

He sido instruida que el terreno sobre la cual han de establecerse nuestras escuelas debería estar lo suficientemente cerca de Nashville para que haya una conexión entre las escuelas y los obreros en Nashville. Más que esto, hay en Nashville grandes instituciones para la educación de gente de color, y nuestra escuela para gente de color debe estar lo suficientemente cerca de estas instituciones para que el ala de su protección esté sobre nosotros. Hay menos inclinación de oprimir a la gente de color en esta sección de Tennessee que en muchas otras partes del sur. El prejuicio no se levanta tan fácilmente. Las instituciones que han sido establecidas para la educación de la gente de color están ricamente dotadas, y están a cargo de gente blanca. La presencia de estas instituciones fue una de las razones por las que Nashville fue designada como el lugar en el cual se ha de establecer una imprenta. Se me instruyó que la obra en el sur debería tener todas las ventajas de imprimir y publicar libros, para que esta obra pueda ganar una posición más ventajosa de la que tuvo en el pasado.

Algunos han sugerido que podría convenir vender nuestra propiedad en Huntsville, y mudar la escuela a algún otro lugar, pero se me ha instruido que esta sugerencia nació de la incredulidad. Nuestra escuela en Huntsville está en una buena ubicación, y la gran Escuela Normal del Estado para la preparación de maestros de color, que se lleva adelante no lejos de allí por los que no son de nuestra fe, ha creado una influencia en favor de educar a los negros que nuestro pueblo debiera apreciar. Debemos tener en Huntsville instalaciones para la educación de un buen número de estudiantes. Debemos tener una escuela primaria y una escuela para estudiantes más avanzados. Tomaría muchos años edificar en un lugar nuevo la obra que ya se ha hecho en Huntsville.

Mi alma se conmueve dentro de mí cuando se me presenta este asunto. No he estado aún en Huntsville, pero he escrito un artículo con respecto a lo que debería haber allí en el futuro.

Debemos hacer planes sabios. Dios irá delante de nosotros si lo tomamos como nuestro Consejero y nuestra fortaleza. Necesitamos apartarnos de nuestro egoísmo, y comenzar a trabajar para el Señor con fervor.

Capítulo 3 — La compra de la propiedad

La propiedad que encontramos en Madison, Tennessee, fue finalmente comprada como el lugar para establecer una escuela de preparación para obreros blancos. En un artículo publicado en la *Review and Herald,* el 18 de agosto de 1904, di una descripción de esta propiedad, y un bosquejo de los planes propuestos para llevar a cabo en la operación de la escuela, como sigue:

En relación con la obra en Nashville deseo hablar de la obra de la escuela que los hermanos Sutherland y Magan están planificando hacer. Me sorprendió cuando, al hablar de la obra que ellos deseaban hacer en el sur, hablaron de establecer una escuela en algún lugar a mucha distancia de Nashville. Por la luz que se me ha dado, yo sabía que hacer esto no sería lo correcto, y les dije eso. La obra que estos hermanos pueden hacer, por causa de la experiencia obtenida en Berrien Springs, ha de ser efectuada en un lugar con fácil acceso a Nashville; porque Nashville no ha sido todavía trabajada como debería. Y será una gran bendición para los obreros en la escuela estar lo suficientemente cerca de Nashville, y la suma moderada por la cual se podía comprar, parecían señalar ese lugar como el lugar adecuado para la obra educativa. Aconsejamos que se compre esa propiedad. Yo sabía que todo el terreno sería finalmente necesario. Para el trabajo de los estudiantes, y para proveer casas para los docentes, tal terreno podía usarse con ventajas. Y a medida que nuestra obra avance, una porción de este lote puede necesitarse para un sanatorio rural.

Se examinaron otras propiedades, pero no se encontró nada tan apropiado para nuestra obra. El precio del lugar, incluyendo las cosechas ya plantadas, la maquinaria agrícola, y más de setenta cabezas de ganado fueron $12.723. Se la ha comprado, y tan pronto como sea posible, los hermanos Magan y Sutherland, con unos pocos ayudantes con experiencia, comenzarán la obra educativa allí. Sentimos confianza en que el Señor ha estado guiando en este asunto.

PLANES PROPUESTOS

El plan sobre el que nuestros hermanos se proponen trabajar es elegir algunos de los jóvenes y señoritas mejores y más sólidos de Berrien Springs y otros lugares del Norte, que creen que Dios los ha llamado para trabajar en el sur, y darles una breve preparación como maestros. Se les dará una sólida instrucción en el estudio de la Biblia, la fisiología, y la historia de nuestro mensaje; y una instrucción especial en agricultura. Se espera que muchos de estos estudiantes finalmente se conecten con escuelas en diversos lugares en el sur. En conexión con estas escuelas habrá tierras que serán cultivadas por maestros y alumnos, y lo que resulte de este trabajo se usará para el sostén de las escuelas.

Fuimos una vez más a ver la granja después que la compra se hubo completado, y quedamos muy complacidos con ella. Espero fervientemente que la escuela que se establecerá allí será un éxito, y que ayudará a edificar la obra del Señor en esa parte de la viña. Hay hombres de recursos en diversas partes del país, que pueden ayudar a esta empresa con préstamos sin interés, y por donaciones liberales.

Apoyemos a los hermanos Sutherland y Magan en sus esfuerzos para adelantar esta importante obra. Ellos obtuvieron valiosa experiencia en Berrien Springs, y la providencia de Dios los ha guiado a sentir que deben trabajar en el campo del sur. Dios les ayudó constantemente en sus esfuerzos en Berrien Springs, mientras avanzaban firmemente, decididos a que los obstáculos no detendrían la obra. Ellos no dejan Berrien Springs por causa de disensión o peleas. No escapan del deber. Están dejando un lugar donde se ha establecido una escuela, para ir a un campo nuevo, donde la obra puede ser mucho más difícil. Tienen solo recursos para pagar el precio del terreno. No deberían quedar abandonados, con malos entendidos y sin ayuda, con el sacrificio de su salud.

Mientras estos hermanos van al sur para tomar posesión de una obra de pioneros en un campo difícil, pedimos a nuestro pueblo que haga su obra tan efectiva como sea posible ayudándoles en el establecimiento de la nueva escuela cerca de Nashville.

Le pido a nuestro pueblo que ayude en la obra en el campo del sur auxiliando a los hermanos Sutherland y Magan y a sus fieles asociados en llevar adelante la importante empresa que han iniciado. Hermanos y hermanas, la pobreza y las necesidades del campo del sur requieren urgentemente la ayuda de ustedes. Hay una gran obra para hacer en ese campo, y les pedimos que ustedes hagan su parte.

Capítulo 4 — Un sanatorio rural

Temprano en la historia de la escuela de Madison, se sugirió que un sanatorio podría establecerse en una porción del terreno comprado para la granja de la escuela. En cartas escritas a los que estaban a cargo de la obra médico misionera en los Estados del sur, señalé las ventajas que se ganarían al establecer una escuela de preparación y un sanatorio en estrecha proximidad. Estas cartas fueron escritas en el otoño de 1904, y un año más tarde, los principios planteados en esta correspondencia fueron incorporados en un artículo, y enviado a los hermanos reunidos en una Convención Médico Misionera en College View, Nebraska, del 21 al 26 de noviembre de 1905.

El artículo dice lo siguiente:

Cooperación entre escuelas y sanatorios

Se me ha instruido que hay ventajas definidas que se obtienen al establecer una escuela y un sanatorio en estrecha proximidad, para que se ayuden la una al otro. Con respecto a esto se me dio instrucción cuando estábamos haciendo decisiones acerca de la ubicación de nuestros edificios en Takoma Park. Siempre que sea posible tener una escuela y un sanatorio lo suficientemente cerca para una cooperación útil entre las dos instituciones, y no obstante, lo suficientemente separadas para evitar que una interfiera con la obra del otro, se ha de permitir que sean ubicadas de tal modo que puedan hacer su obra en conjunto. Una institución dará influencia y fortaleza a la otra; y además, se puede ahorrar dinero para ambas instituciones, porque cada una puede compartir las ventajas de la otra.

En relación con nuestras escuelas más grandes, deberían proveerse instalaciones que den a muchos estudiantes una instrucción sólida con respecto a la obra médico misionera evangélica. Esta línea de trabajo debe traerse a nuestros colegios y escuelas de preparación como parte de la instrucción regular. Esto hará innecesario que nuestros jóvenes de todas partes del país vayan a Battle Creek, o a algún otro lugar o dos, para obtener una educación y preparación satisfactoria y completa.

Los que se están preparando para ser enfermeros y médicos debieran recibir instrucción diariamente que desarrollará los motivos más elevados para avanzar. Debieran asistir a nuestros colegios y escuelas de preparación; y los maestros en estas instituciones de aprendizaje debieran darse cuenta de su responsabilidad de trabajar y orar con los estudiantes. En estas escuelas, los estudiantes debieran aprender a ser verdaderos misioneros médicos, firmemente unidos con el ministerio del evangelio.

Nuestro pueblo que tiene un profundo interés en los niños y jóvenes, y en la preparación de trabajadores para llevar adelante la obra esencial para este tiempo, no necesitan ser dejados en perplejidad e incertidumbre acerca de los pasos que han de darse para preparar a sus jóvenes como médico misioneros. Dios abrirá caminos delante de aquellos que humildemente lo buscan por sabiduría en perfeccionar el carácter cristiano. Él tendrá lugares listos para ellos en los que comenzarán a hacer obra misionera genuina. Es para preparar trabajadores para esta obra que se establecen nuestras escuelas y sanatorios.

Para fortalecer esta línea de esfuerzos, se ha aconsejado que en conexión con nuestras escuelas más grandes deben establecerse pequeños sanatorios. Siempre que se ubique un sanatorio bien equipado cerca de una escuela, puede añadir grandemente a la fortaleza del curso médico misionero en la escuela si los administradores establecen una cooperación perfecta entre las dos instituciones. Los docentes en la escuela pueden ayudar a los obreros en el sanatorio con su consejo y sugerencias, y a veces, hablando a los pacientes. Y, en retorno, aquellos a cargo del sanatorio pueden ayudar a preparar para el servicio en el campo a los estudiantes que deseen llegar a ser médico misioneros. Por supuesto, las circunstancias deben determinar los detalles de los arreglos que convenga hacer. Mientras los obreros en cada institución hacen planes abnegadamente de ayudarse unos a otros, la bendición del Señor ciertamente descansará sobre ambas instituciones.

Ningún hombre, sea maestro, médico o pastor, puede jamás esperar ser un todo completo. Dios ha dado a cada hombre ciertos dones, y ha ordenado que los hombres se asocien en su servicio, a fin de que los diversos talentos de muchas mentes puedan combinarse. El contacto de una mente con otra tiende a despertar el pensamiento y a aumentar las capacidades. Los defectos de un trabajador se compensan por los dones especiales de otro, y a medida que médicos y docentes se asocien así y se unan para impartir su conocimiento, los jóvenes bajo su adiestramiento recibirán una educación simétrica y bien equilibrada para el servicio.

En todos estos esfuerzos, habrá muchas oportunidades para manifestar cortesía caballerosa. El cristiano siempre es cortés. Y por la asociación con sus compañeros de trabajo, llega a ser cada vez más refinado. Aprende a pasar por alto pequeños puntos de diferencia, con respecto a preguntas que no son de consecuencia vital. Tal hombre, cuando esté a cargo de una de las instituciones del Señor, estará dispuesto a negarse a sí mismo y a ceder sus opiniones personales en asuntos de menor importancia, a fin de que, con toda bondad fraterna, pueda cooperar de todo corazón con los administradores de la otra institución cercana. No vacilará en hablar clara y firmemente cuando lo demande la ocasión; pero cada una de sus palabras y actos estarán mezclados con una cortesía tan bondadosa, tan semejante a la de Cristo, que no se podrán ofender. Poderosa es la influencia para el bien que ejercita un caballero cristiano activo y consagrado. Y cuando los administradores de nuestras instituciones en cercana proximidad aprendan a unir sus fuerzas, y a trabajar abnegada e incansablemente para la edificación de la obra del otro, los resultados para el bien serán de largo alcance.

Los beneficios de una cooperación sólida se extienden más allá de los médicos y los maestros, los estudiantes y los servidores del sanatorio. Cuando se construye un sanatorio cerca de una escuela, los que están a cargo de la institución educativa tienen una gran oportunidad de dar un ejemplo correcto delante de aquellos que en toda la vida han sido perezosos y que querían una vida fácil, y que han llegado al sanatorio para un tratamiento. Los pacientes verán el contraste entre la vida ociosa, de indulgencia propia que han llevado, y la vida de abnegación y servicio de los seguidores de Cristo. Ellos aprenderán que el objeto de la obra médico misionera es restaurar, corregir los errores, mostrar a los seres humanos cómo evitar la indulgencia propia que trae consigo enfermedad y muerte.

Las palabras y acciones de los obreros en el sanatorio y en la escuela revelan claramente que la vida es una cosa intensamente solemne, en vista de las cuentas que todos debemos dar a Dios. Cada uno debiera poner sus talentos para ganar otros, añadiendo al don recibido del Dueño, bendiciendo a otros con las bendiciones que recibió. En el día del juicio, la obra de la vida de cada uno se investigará, y cada uno recibirá una recompensa proporcional a sus esfuerzos.

Para que se obtengan los mejores resultados al establecer un sanatorio cerca de una escuela, es necesaria una armonía perfecta entre los obreros de ambas instituciones. Esto es algo difícil de asegurar, especialmente cuando los maestros y médicos tiendan a ser centrados en sí mismos, y cada uno considera de la mayor importancia la obra con la que está más estrechamente conectado. Cuando los hombres que tienen confianza propia están a cargo de instituciones en estrecha proximidad, puede resultar gran molestia cuando cada uno está decidido a llevar a cabo sus propios planes, rehusando hacer concesiones a otros. Tanto los que dirigen un sanatorio como los que dirigen una escuela necesitarán precaverse contra aferrarse tenazmente a sus propias ideas respecto de cosas que realmente no son esenciales.

Los sanatorios y los colegios tienen una gran obra que hacer. El tiempo es corto. Lo que se hace, debe hacerse prontamente. Que los que están conectados con estos importantes instrumentos estén completamente convertidos. Que no vivan para sí mismos, para propósitos mundanos, reteniéndose de una consagración completa al servicio de Dios. Entréguense completamente a Dios, cuerpo, alma y espíritu para ser usados en salvar almas. No tienen libertad de hacer consigo lo que les venga en ganas; pertenecen a Dios; porque él los ha comprado con la sangre de su Hijo unigénito. Y al aprender a permanecer en Cristo, no quedará en el corazón espacio para el egoísmo. En su servicio encontrarán la satisfacción más completa.

Que los obreros médico misioneros enseñen y vivan esto. Que estos trabajadores les digan a las personas con quienes se contactan que la vida que los hombres y las mujeres viven ahora, un día será examinada por un Dios justo, y que cada no debe ahora hacer lo mejor, ofreciendo a Dios un servicio consagrado. Los que están a cargo de la escuela han de enseñar a los estudiantes a usar los talentos que Dios les ha dado para los propósitos más elevados y santos, a fin de que puedan realizar el mayor bien en el mundo. Los estudiantes necesitan aprender lo que significa tener una meta real en la vida, y obtener una comprensión exaltada de lo que significa la verdadera educación. Necesitan aprender lo que significa ser verdaderos médico misioneros evangélicos, misioneros que puedan salir para trabajar con los ministros de la Palabra en campos necesitados.

Siempre que haya una oportunidad favorable, que nuestros sanatorios y nuestras escuela hagan planes para ser una ayuda y una fortaleza mutuas. El Señor quiere que su obra avance sólidamente. Que la luz brille como Dios quiere que brille de nuestras instituciones, que Dios sea glorificado y honrado. Este es el propósito y el plan del cielo al establecer estas instituciones. Que los médicos y enfermeras, los docentes y los estudiantes, caminen humildemente con Dios, confiando plenamente en él como el Único que puede dar éxito a su obra.

Noviembre 14, 1905.

CAPÍTULO 5 —TRABAJAR EN UNIDAD Y EN FE

Sanitarium, California,
15 de octubre de 1906

Queridos hermanos:

Entre los hermanos ocupados en las diversas líneas de la obra del Señor debería verse un deseo de animarse y fortalecerse unos a otros. El Señor no se agrada con el curso de aquellos que dificultan el camino para otros que están haciendo una obra que el Maestro les señaló. Si estos críticos estuvieran en el cargo de aquellos a quienes critican, desearían un tratamiento muy diferente del que les están dando a estos hermanos.

Hemos de respetar la luz que condujo a los hermanos Magan y Sutherland a comprar una propiedad y establecer la escuela en Madison. Que nadie hable palabras que tiendan a desmerecer, o a desviar a estudiantes, de la escuela. Yo no acuso a ninguno de tener la intención de hacer daño, pero por la luz que he recibido, puedo decir que hay peligro de que algunos criticarán injustamente la obra de nuestros hermanos y hermanas que están conectados con la escuela de Madison. Que se brinde todo ánimo posible a quienes están ocupados en un esfuerzo por dar educación a niños y jóvenes en el conocimiento de Dios y de su ley.

A los obreros en Madison yo diría: Tengan buen ánimo. No pierdan la fe. Vuestro Padre celestial no los ha abandonado para lograr el éxito por sus propios esfuerzos. Confíen en él, y él trabajará en favor de vosotros. Es vuestro privilegio experimentar y demostrar las bendiciones que vienen por medio del caminar por fe y no por vista. Trabajen solo para la gloria de Dios. Aprovechen al máximo sus capacidades, y aumentarán en conocimiento. Los que hacen la voluntad de Dios puede ser que tengan que pasar por el sufrimiento, pero el Señor hará que triunfen al final.

El Señor les ha ayudado en la selección de la ubicación de la escuela, y al seguir trabajando bajo la conducción del Espíritu Santo, sus esfuerzos tendrán éxito. Dios les dará espíritu y vida, si no se permiten estar desanimados. Confiamos que de los hermanos puedan recibir la ayuda de una acción armoniosa, de oraciones, y de recursos. Pero que nadie acaricie sentimientos de desánimo. El Señor tiene para vosotros una tarea donde se encuentran. Y aquellos que hacen su obra nunca necesitan desanimarse.

Sanitarium, California
30 de octubre de 1906.

Apreciado Hermano _____.

La escuela en Madison debe ser tratada con justicia, sí, lealmente. Si todos hacen su parte para ayudar a esta escuela, el Señor los bendecirá. Estoy decidida a hacer mi parte. No he perdido ni una pizca de mi interés en el campo del sur. Quiero actuar una parte en ayudar a todas las líneas de trabajo.

Llevemos todas estas cargas al Señor Dios de Israel. Trabajemos en su nombre y para su gloria. Nuestros corazones necesitan llenarse de simpatía. Necesitamos tener valor y gozo en el Señor. Nunca, nunca permitan que se hablen palabras que hagan que la carga sea más pesada sobre los que han estado luchando por tanto tiempo para realizar la voluntad expresa y el propósito de Dios. Creo completamente que los que están conectados con la escuela de Madison están cumpliendo la voluntad de Dios. Creo que esta granja es el lugar exacto para la escuela. Debe hacerse provisión para ayudar a esta institución. Los que están luchando para establecer esta escuela necesitan que se les ayude.

El Señor es bueno; confiemos en él. Amo al Señor, pero me duele el corazón ver y sentir la magnitud de las necesidades que deben ser atendidas. Digamos: El Señor vive, y él es rico en recursos. Tengamos gratitud en nuestros corazones, y seamos de buen ánimo en el Señor. Mantengamos nuestros ojos fijos en Jesús, para que triunfemos con él.

6 de noviembre de 1906.

El caso de la escuela de Madison, y la buena obra que debería hacerse allí sin tardanza ni estorbos, ha sido puesto delante de mí, y he destinado esta suma de dinero, aunque es solo una pequeña cantidad en comparación con lo que ellos realmente necesitan, para que sea invertida en esa empresa. No tuve descanso en mi mente hasta que hice esto. Los obreros allí podrían usar el doble de esta cantidad con buenos resultados. Se me ha presentado que antes de ahora nuestro pueblo debía haber provisto a esta escuela con recursos, y así ponerla en terreno ventajoso. Esta es la forma en la que todavía considero este asunto.

Los hermanos _____ y _____ son hombres en quienes confío. Los animé a comprar la granja donde se estableció la escuela de Madison. Si hubiera estado más lejos de Nashville, no habría sido una objeción. Está bien ubicada y producirá sus tesoros. Los que están llevando adelante la obra de esta escuela necesitan y debieran recibir ánimo. Los hermanos que llevan responsabilidades de un carácter diferente en ciertos aspectos debieran dar libertad a los que tienen tan buen juicio como ellos mismos con respecto a lo que se necesita en la granja en edificios para el sanatorio y la escuela.

La granja de la escuela de Madison debe ser una lección objetiva para el campo del sur. Está en una ubicación excelente, y tan cerca de Nashville como debe estarlo.

Sanitarium, California
19 de enero de 1907.
Pastor _____.

Apreciado Hermano:

Hoy he estado llevando una pesada carga sobre mi corazón. Anoche algunos asuntos de especial importancia fueron abiertos delante de mí. Me pareció estar pasando por un conflicto severo. Estaba hablando a un grupo de hombres y mujeres, y presentándoles los peligros de nuestro pueblo. Hablé de nuestra gran necesidad de estar mucho con Dios en oración. Tuve palabras de aliento para dar a diferentes personas.

Me fueron dadas palabras de instrucción para hablarles a ustedes y a los pastores _____, _____, _____. Dije: Ustedes tienen una obra que hacer para animar la obra de la escuela de Madison, Tennessee. Hay solo unos pocos maestros entre nosotros que hemos tenido experiencia en llevar adelante la obra en lugares difíciles. Los obreros que han estado procurando realizar la mente y la voluntad de Dios en Madison no han recibido el ánimo que debían. A menos que el hermano Sutherland sea aliviado de algunas de las presiones que están sobre él, caerá bajo la carga.

Ustedes pueden preguntar, ¿qué se necesita? Respondo: Ánimo. Los hermanos Sutherland y Magan han tenido severas lecciones en lo pasado. El Señor les envió corrección e instrucción, y ellos recibieron el mensaje del Señor, e hicieron confesión…

Cuando estaba en Washington (agosto de 1904), rogué a los hermanos Sutherland y Magan que creyeran que Dios había perdonado sus errores, y desde entonces he tratado con mi ayuda y ánimo hacerles ver que el Señor los ha puesto en terreno ventajoso.

Es su privilegio, hermano _____, y el privilegio de aquellos que tienen una amplia influencia en la obra, hacerles saber a estos hermanos que tienen la confianza y el estímulo de ustedes en la obra que valientemente hacen. El hermano Sutherland está en un precario estado de salud. No podemos darnos el lujo de perderlo; necesitamos su experiencia en la obra educativa. Los hermanos que tienen influencia debieran hacer todo lo que está en su poder para sostener las manos de estos obreros, animándolos y sosteniendo la obra de la escuela de Madison. Se deberían destinar recursos para las necesidades de la obra en Madison, para que las labores de los maestros no sean tan difíciles en el futuro.

Capítulo 6 — Carta a un presidente de asociación

Sanitarium, California
5 de febrero de 1907.

Querido Hermano:

Le escribo para que tome interés personal en la escuela de Madison. Los hermanos Sutherland y Magan han trabajado diligentemente, mucho más allá de sus fuerzas, para abrir la obra educacional en este lugar, designado por Dios. Han procurado establecer una escuela que prepare a jóvenes y señoritas para actuar como misioneros en el campo del sur.

Actualmente, debieran tener cinco mil dólares para permitirles tener instalaciones adecuadas para el trabajo, y todavía más deberían proveerles, a fin de que se pueda conectar un pequeño sanatorio con la escuela.

Hasta ahora han recibido muy poca ayuda en esta empresa, en comparación con las necesidades e importancia de la obra. Han trabajado duramente, y han hecho planes para una educación como la que se requiere para preparar obreros para que enseñen a los ignorantes y expliquen las Escrituras. Además del estudio de los libros, se les enseña a los estudiantes a cultivar la tierra, a edificar casas, y realizar otras tareas útiles.

La ubicación de la escuela de Madison es excelente, y posee grandes ventajas para la obra educativa. Pero los líderes en esta obra están llevando una carga demasiado pesada, y deberían ser aliviados de la gran ansiedad que ha descansado sobre ellos, por la falta de recursos para hacer todo lo que hay que hacer, y proveer condiciones aceptables para una escuela de éxito.

¿Permitiremos que estos obreros estén sobrecargados más allá de su fuerzas, llevando casi solos una obra en la que deberían recibir una cooperación cordial de sus hermanos?

Apelo a nuestros hermanos en _____ que ayuden en esta emergencia, y hagan una donación liberal a la escuela de Madison, para que puedan erigir una capilla y un edificio escolar. Tal edificio debiera haber sido provisto hace mucho tiempo. No dejemos que estos hombres trabajen bajo las actuales condiciones desventajosas, cuando el tiempo es tan precioso, y la necesidad de obreros adiestrados en el sur es tan grande.

La obra en el sur ha sido tristemente descuidada. Es tiempo de que nuestras iglesias se despierten a su deber hacia este campo necesitado. La luz debe brillar en medio de las tinieblas morales de ignorancia y superstición. La verdad en su sencillez debe ser llevada a aquellos que están en la ignorancia.

En las escuelas comunes se enseñan algunas cosas que son un estorbo en vez de una bendición. Necesitamos escuelas donde la Palabra de Dios sea la base de la educación. La escuela de preparación de maestros de Madison debiera tener el cordial sostén del pueblo de Dios. Por lo tanto, le pido a usted, y a sus asociados en la junta de la asociación, que actúen liberalmente en ayudar a nuestros hermanos en Madison en esta importante obra.

Capítulo 7 — Carta a la Junta de la Unión del Sur

Sanitarium, California
24 de febrero de 1907.

Queridos hermanos:

Tengo un mensaje que entregar a nuestro pueblo en el campo del sur. Hay una obra importante que llevar adelante en Nashville y sus alrededores, y se debería manifestar un interés definido en este campo.

En armonía con la conducción del Espíritu de Dios, los hermanos Sutherland y Magan y sus asociados han comenzado una tarea en Madison. El Señor los guio en la selección de un lugar para la escuela. Si se hubiera establecido un pequeño sanatorio en conexión con la escuela, esto habría estado en el orden de Dios; y estas dos instituciones hubieran sido de ayuda mutua. Esto no se ha hecho todavía, pero nuestros Hermanos en Madison no necesitan desanimarse.

Yo diría a nuestros hermanos en el campo sureño: No haya ninguna restricción sobre la escuela de Madison que limite su obra en el campo de sus operaciones. Si los hermanos Sutherland y Magan prometieron no atraer estudiantes a su escuela de los campos sureños, deberían ser librados de tal restricción. Tal promesa nunca debiera habérseles pedido u otorgado. Se me instruyó que dijera que no debería haber restricciones limitando su libertad de atraer estudiantes del campo sureño. Hay necesidad de una institución tal como la que se estableció cerca de Nashville, y no permitan que nadie estorbe la asistencia de aquellos que puedan ir a esa escuela para recibir el adiestramiento que los capacitará para trabajar en los estados sureños y en otros campos misioneros

En Berrien Springs los hermanos Sutherland y Magan realizaron un trabajo de sacrificio propio. No dejaron el norte porque hubieran perdido su influencia, se fueron al sur porque vieron las necesidades de aquel campo. En su trabajo en Madison debieran tener el estímulo de aquellos a quienes vinieron para ayudar. Los que tienen a su cargo la distribución de los recursos que vienen al campo sureño, no debieran dejar de dar ayuda proporcional a la escuela de Madison.

En la escuela de Madison se les enseña a los alumnos a cultivar la tierra, cómo edificar casas, y a realizar otros tipos de trabajo provechoso. Estos son algunos de los tipos de trabajo que el Señor me instruyó que introdujéramos en nuestras escuelas en Australia. Con una preparación práctica, los estudiantes estarán preparados para ocupar cargos útiles en muchos lugares.

La habilidad en las artes comunes es un don de Dios. Él provee tanto el don como la sabiduría para usarlo correctamente. Cuando él deseaba que se hiciera un trabajo en el tabernáculo, dijo: "Mira, yo he llamado por su nombre a Bezaleel hijo de Uri hijo de Hur, de la tribu de Judá; y lo he llenado del espíritu de Dios, en sabiduría y en inteligencia, en ciencia y en todo arte".

Por medio del profeta Isaías el Señor dice: "Estad atentos y oíd mi voz; atended y oíd mi dicho: El que ara para sembrar, ¿arará todo el día? ¿Solo romperá y quebrará los terrones de la tierra? Cuando ya ha preparado su superficie, ¿no esparce el eneldo, siembra el comino, pone el trigo en hileras, la cebada en el lugar señalado y la avena en su borde apropiado? Porque su Dios lo instruye y le enseña lo recto: que el eneldo no se trilla con trillo ni sobre el comino se pasa rueda de carreta; sino que con un palo se sacude el eneldo, y el comino con una vara. El grano se trilla; pero no lo trillará por siempre, ni lo aplasta con la rueda de su carreta, ni lo tritura con los dientes de su trillo. ¡También esto salió de Jehová de los ejércitos, para hacer maravilloso el consejo y engrandecer su sabiduría!"

Hoy el Señor ha llamado definidamente a algunos a la tarea de enseñar a otros, para prepararlos para el servicio en su causa. Que los que son así llamados vayan alegremente a su campo de labor, siguiente siempre la conducción de Dios.

Dios otorga sus dones como a él le place. Entrega un don a uno, y otro don a otro, pero todo para el bien de todo el cuerpo. Está en el orden de Dios que algunos sirvan en una línea de trabajo, y otros en otras líneas: todos trabajando bajo el mismo Espíritu. El reconocimiento de este plan será una salvaguardia contra la imitación carnal, el orgullo, la envidia, o el desprecio, mutuos. Fortalecerá la unidad y el amor mutuo.

Si en la providencia de Dios, llega a ser necesario construir una casa de reunión en alguna localidad, el Señor se agrada si entre su propio pueblo hay quienes han recibido sabiduría y habilidad para realizar la obra necesaria. Él envía hombres para llevar su verdad al pueblo de una lengua extraña, y a veces ha abierto las mentes de sus misioneros, permitiéndoles aprender rápidamente el idioma. Los mismos a quienes vinieron para ayudar espiritualmente, les serán de ayuda en aprender el idioma. Por esta relación los nativos son preparados para escuchar el mensaje evangélico cuando se les dé en su propio idioma.

Capítulo 8 — Una educación misionera

En la obra de salvar almas, el Señor reúne trabajadores que tienen diferentes planes e ideas y diversos métodos de trabajo. Pero recordando esta diversidad, debe revelarse una unidad de propósito. A menudo en lo pasado la obra que el Señor designó que prosperase ha sido estorbada por causa de hombres que trataron de poner un yugo sobre sus compañeros de labor que no seguían los métodos que ellos suponían que eran los mejores.

No se puede dar un modelo exacto para el establecimiento de escuelas en campos nuevos. El clima, los alrededores, la condición del país, y los medios disponibles con los cuales trabajar, deben contribuir a dar forma a la obra. Las bendiciones de una educación equilibrada traerá éxito a la obra misionera cristiana. Por este medio, almas serán convertidas a la verdad.

"Vosotros sois la luz del mundo", declara Cristo. "Así alumbre vuestra luz delante de los hombres, para que vean vuestras buenas obras y glorifiquen a vuestro Padre que está en los cielos". La obra de Dios en la tierra en estos últimos días ha de reflejar la luz que Cristo trajo al mundo. Esta luz ha de disipar la densa oscuridad de los siglos. Los hombres y las mujeres en oscuridad pagana han de ser alcanzados por aquellos que una vez estuvieron en una condición similar de ignorancia, pero que han recibido el conocimiento de la verdad de la palabra de Dios. Estas naciones paganas aceptarán ansiosamente la instrucción en el conocimiento de Dios que le dan.

Su obra en la tierra es muy preciosa para Dios. Cristo y los ángeles celestiales están vigilándola a cada momento. Al acercarnos a la venida de Cristo, más y aún más obra misionera ocupará nuestros esfuerzos. El mensaje del poder renovador de la gracia de Dios será llevado a cada país y clima, hasta que la verdad circunde el mundo. Entre el número de los que serán sellados estarán los que vienen de cada nación y tribu y lengua y pueblo. De cada país se reunirán hombres y mujeres que estarán delante del trono de Dios y del Cordero, clamando: "¡La salvación pertenece a nuestro Dios, que está sentado en el trono, y al Cordero!" Pero antes de que se pueda realizar esta obra, debemos experimentar aquí mismo, en nuestro propio país, la obra del Espíritu Santo sobre nuestros corazones.

Dios me ha revelado que estamos en un peligro positivo de traer a nuestra obra educacional las costumbres y modas que prevalecen en las escuelas del mundo. Si los maestros no son cautelosos en su trabajo, pondrán sobre los cuellos de sus estudiantes yugos mundanos en lugar del yugo de Cristo. El plan de las escuelas que estableceremos en estos años finales de la obra ha de ser de un orden totalmente diferente de los que hemos instituido en lo pasado.

Por esta razón, Dios nos pide que establezcamos escuelas fuera de las ciudades, donde, sin obstáculos ni impedimentos, podamos llevar la obra de la educación sobre planes que están en armonía con el mensaje solemne que se nos ha entregado para el mundo. Una educación como ésta puede realizarse mejor donde hay terrenos para cultivar, donde el ejercicio físico de los alumnos puede ser de tal naturaleza como para realizar una parte valiosa en la edificación de su carácter, y para prepararlos para ser útiles en los campos adonde irán.

Dios bendecirá la obra de estas escuelas que se conduzcan de acuerdo con sus designios. Cuando estuvimos trabajando para establecer la obra educativa en Australia, el Señor nos reveló que esta escuela no debe seguir el modelo de ninguna escuela establecida en lo pasado. Esta debía ser una escuela modelo. La escuela estaba organizada sobre el plan que Dios nos dio, y él ha prosperado su obra.

Se me ha mostrado que en nuestra obra educacional no hemos de seguir los métodos que han sido adoptados en nuestras escuelas establecidas más antiguas. Entre nosotros nos aferramos demasiado a costumbres viejas, y por causa de esto estamos mucho más atrás de lo que debíamos estar en el desarrollo del mensaje del tercer ángel. Por cuanto los hombres no comprendieron el propósito de Dios en los planes puestos delante de nosotros para la educación de los obreros, en algunas de nuestras escuelas se han seguido métodos que han retrasado la obra de Dios más bien que hacerla progresar. Han pasado años a la eternidad con pocos resultados que podrían haber mostrado la realización de una gran obra. Si los obreros en la tierra hubieran hecho la voluntad de Dios como la hacen los ángeles en el cielo, mucho de lo que ahora permanece para ser hecho, se hubiera ya logrado, y se verían resultados nobles como fruto del esfuerzo misionero.

Las destrezas adquiridas en la granja escolar es precisamente la educación que es más esencial para quienes irán como misioneros a muchos campos extranjeros. Si se da esta preparación con vistas a la gloria de Dios, se verán grandes resultados. Ninguna obra será más efectiva que la que hacen quienes, habiendo obtenido una educación en la vida práctica, salen para los campos misioneros con el mensaje de la verdad, preparados para instruir como ellos fueron instruidos. El conocimiento que han obtenido al cultivar la tierra y en otras líneas de trabajos manuales, y que llevan consigo a sus campos de labor, los hará una bendición aún en países paganos.

Antes de que podamos llevar el mensaje de la verdad presente en su plenitud a otros países, primero debemos romper todo yugo. Debemos ponernos en línea con la verdadera educación, caminando en la sabiduría de Dios y no en la sabiduría del mundo. Dios llama a mensajeros que sean verdaderos reformadores. Debemos educar, educar, para preparar a un pueblo que comprenda el mensaje, y entonces dé el mensaje al mundo.

Ha habido un definido fracaso en cumplir los requisitos de Dios en el campo del sur. Necesitamos pedirle a Dios que nos dé entendimiento para que podamos ver nuestra falta, y captar la situación en el sur, y la necesidad de hacer esta obra misionera que está a la mano. El pueblo sin educación en el sur necesita el conocimiento del evangelio tan ciertamente como los paganos en tierras lejanas. Dios nos pide que estudiemos cómo podemos alcanzar las clases descuidadas de la gente blanca y de color en el sur, y con toda esta capacidad que obtengamos, trabajar por las almas de estos hombres y mujeres.

LA ESCUELA DE MADISON

Constituía un gran problema para los hermanos Sutherland y Magan y sus fieles asociados el saber adaptarse a la obra en Madison, Tennessee. Tenían muchos obstáculos y dificultades que afrontar, algunos de los cuales no hubieran necesitado enfrentar.

La razón por la que estos hermanos fueron persuadidos a comprar el lugar que ahora ocupa la escuela de Madison, fue la luz especial que me fue dada de que este lugar era bien adaptado para la obra educativa que era más necesaria aquí. Se me presentó que este era un lugar donde se podía dar con ventajas una educación bien equilibrada a estudiantes que vinieran del norte o del sur para instruirse. En lo que ya se ha logrado en la Escuela de Madison, el Señor está manifestando que él está bendiciendo la obra que allí se realiza, y está dirigiendo a los maestros que se asocian entre sí para llevar la carga de la obra.

Se pusieron muchos obstáculos en el camino de los pioneros de la escuela de Madison de tal naturaleza como para desanimarlos y expulsarlos del campo. Estos obstáculos no fueron puestos allí por el Señor. En algunas cosas la planificación y los propósitos finitos de los hombres han actuado en contra de la obra de Dios.

Seamos cuidadosos, hermanos, no sea que contrarrestemos y estorbemos el progreso de otros, y de ese modo retrasar el envío del mensaje evangélico. Se ha hecho esto, y por esto me siento impulsada a hablar tan claramente. Si se hubiera dado a la empresa escolar de Madison la ayuda adecuada, su obra podría estar en una etapa de desarrollo mucho más adelantada. La obra en Madison ha hecho un progreso muy lento y, no obstante, a pesar de los obstáculos y estorbos, estos obreros no han fallado ni se han desanimado; y han sido capacitados para realizar una buena obra en la causa de Dios.

El Señor no pone límites a sus obreros en algunas líneas que los hombres no estén acostumbrados a poner. En su obra, los hermanos Magan y Sutherland han sido estorbados innecesariamente. Se le han retenido los recursos porque la organización y administración de la escuela de Madison no se puso bajo el control de la Asociación. Pero las razones por las que esta escuela no era propiedad de la Asociación y controlada por ella, no se han considerado debidamente.

La falta de interés en esta obra, de parte de algunos que debieran haberla apreciado altamente, es definidamente errónea. Nuestros hermanos deben precaverse contra la repetición de tales experiencias.

Dios no requiere que la obra educativa en Madison cambie totalmente antes que pueda recibir el apoyo decidido de nuestro pueblo. La obra que ha sido hecha allí tiene la aprobación de Dios, y él prohíbe que esta línea de trabajo se interrumpa. El Señor continuará bendiciendo y sosteniendo a los obreros mientras ellos sigan su consejo.

Los hermanos Sutherland y Magan están tan ciertamente dedicados a hacer la obra del Señor en Madison como lo están otros obreros han sido designados a hacer su parte en la causa de la verdad presente. La luz que se me ha dado es que hemos de ayudar a estos hermanos y a sus asociados, quienes han trabajado más allá de sus fuerzas, con grandes desventajas. Procuremos comprender la situación, y ver que la justicia y la misericordia no se olviden en la distribución de los recursos.

Los líderes en la obra de la escuela de Madison son colaboradores de Dios. Los hermanos deben hacer más en favor de ellos. El dinero del Señor ha de sostenerlos en sus labores. Tienen un derecho de compartir los medios dados a la causa. Deberían recibir su parte proporcional de los recursos que entran para el avance de la causa.

18 de junio de 1907.
Elena G. de White.

Apéndice B — Una apelación en favor de la Escuela de Madison

Elena G. de White
1908

Conozco las necesidades de la obra que hacen los Hermanos Magan y Sutherland y sus colaboradores en Madison, Tennessee, porque el Señor ha presentado este asunto claramente delante de mí.

Se me ha dado luz de que una gran obra ha de ser hecha en Nashville y a su alrededor. Cuando estos hermanos buscaban una ubicación para su escuela, encontraron la granja donde ahora está establecida la escuela. El precio era moderado, y las ventajas eran muchas. Se me mostró que la propiedad debiera asegurarse para la escuela, y les aconsejé que no buscaran más.

EL CARÁCTER DE LA OBRA

La escuela de Madison no solo educa en un conocimiento de las Escrituras, sino que da una preparación práctica que capacita al estudiante para salir como misionero de sostén propio al campo al cual sea llamado. Los hermanos Sutherland y Magan y sus asociados han soportado noblemente las pruebas. Se enseñó a los estudiantes a cultivar sus propias cosechas, a construir sus propias casas, y cuidar sabiamente el ganado y las aves. Han estado aprendiendo a sostenerse a sí mismos, y una preparación más importante que esta no podrían recibir. De este modo han obtenido una educación valiosa útil en los campos misioneros.

A esto se añade el conocimiento de cómo tratar a los enfermos y cuidar de los heridos. Esta preparación para la obra médico misionera es uno de los mayores objetivos para los cuales se pueda establecer cualquier escuela.

La necesidad de un sanatorio

Hay muchos que sufren de enfermedades y lesiones, quienes, cuando se alivian de su dolor, estarán preparados para escuchar la verdad. Nuestro Salvador en un Sanador poderoso. En su nombre pueden realizarse numerosos milagros en el sur y en otros campos, por medio de los instrumentos de misioneros médicos adiestrados.

Es esencial que haya un sanatorio conectado con la escuela de Madison. La obra educacional en la escuela y el sanatorio pueden avanzar de la mano. La instrucción dada en la escuela beneficiará a los pacientes, y la instrucción dada a los pacientes del sanatorio será una bendición para la escuela.

El valor de una educación equilibrada

La clase de educación dada en la escuela de Madison es tal que será considerada un tesoro de gran valor por aquellos que se ocupen de la obra misionera en campos extranjeros. Si muchos más en otras escuelas estuvieran recibiendo una preparación similar, nosotros como pueblo seríamos un espectáculo para el mundo, para los ángeles y los hombres. El mensaje sería llevado rápidamente a cada país, y las almas que están ahora en la oscuridad serían llevadas a la luz.

Hubiera agradado a Dios si, mientras la escuela de Madison ha estado haciendo su obra, otras escuelas similares se hubieran establecido en diferentes partes del campo sureño. Hay mucha tierra ociosa en el sur que podría ser aprovechada como se ha aprovechado la tierra alrededor de la escuela de Madison. Pronto llegará el tiempo cuando el pueblo de Dios, por causa de persecución, será esparcido en muchos países. Aquellos que hayan recibido una educación bien equilibrada tendrán una gran ventaja dondequiera que estén. El Señor revela sabiduría divina al conducir a su pueblo de esta manera para adiestrar todas sus facultades y capacidades para la obra de diseminar la verdad.

Un llamado a la abnegación

Debiera idearse todo medio posible para establecer escuelas del tipo de Madison en diversas partes del sur, y aquellos que prestan sus recursos y su influencia para ayudar en esta obra, están ayudando la causa de Dios.

Se me ha instruido a decir a aquellos que tienen recursos disponibles: Ayuden a la obra en Madison. No tienen tiempo que perder. Satanás pronto se levantará para crear estorbos; permitan que la obra siga adelante mientras pueda hacerlo.

Fortalezcamos a este grupo de educadores para que continúen la buena obra en que están ocupados, y trabajen para animar a otros para que hagan una obra similar. Entonces la luz de la verdad serán llevada de una manera sencilla y efectiva, y se hará una grande obra para el Maestro en poco tiempo.

Cuando Dios favorece a alguno de sus siervos con ventajas mundanales, es para que use esas ventajas para el beneficio de otros. Hemos de aprender a estar contentos con alimentos y vestimenta sencillos, para que se puedan ahorrar muchos recursos para invertir en la obra del evangelio.

Nuestra falta de abnegación, el negarnos a ver las necesidades de la causa para este tiempo, y a responder a ellas, demanda el arrepentimiento y la humillación delante de Dios. Es un pecado para quien conoce la verdad de Dios cruzar los brazos y dejar su obra para que la haga otro. El evangelio de Cristo demanda una consagración entera. Levántense nuestros miembros de iglesia para asumir sus responsabilidades y privilegios. Que hablen menos sobre la indulgencia propia y adornos innecesarios. El dinero así gastado es del Señor, y hace falta para realizar una obra sagrada en su causa. Eduquen a los niños a hacer obra misionera, y a traer sus ofrendas a Dios. Despertemos al carácter espiritual de la obra en la cual estamos ahora ocupados. Este no es momento para entretejer debilidad en nuestra experiencia.

La obra en Madison no debe ser estorbada

Los obreros en Madison han ideado y planificado y se han sacrificado a fin de llevar adelante la escuela aquí en direcciones correctas, pero la obra ha sido grandemente demorada. El Señor guio en la selección de la granja en Madison, y él desea que sea administrada en forma correcta, para que otros, aprendiendo de los obreros allí, puedan empezar tareas similares, y dirigirlas de una manera parecida.

En la obra que se hace en la escuela de preparación de Madison, Tennessee, para maestros misioneros en nuestro territorio y en el extranjero, y en las pequeñas escuelas establecidas por los maestros que han salido de Madison, tenemos una ilustración de una manera en la que el mensaje debiera ser llevado en muchos, muchos lugares.

Se debería animar a los hermanos Sutherland y Magan a solicitar recursos para el sostén de su obra. Es el privilegio de estos hermanos recibir donaciones de cualquiera de nuestro pueblo a quien Dios impresione para ayudarlos. Ellos debieran tener recursos: los medios de Dios, con los cuales trabajar. La empresa en Madison ha sido frenada en lo pasado, pero ahora debe ir adelante. Si esta obra hubiera sido considerada bajo la luz correcta, y se le hubiera dado la ayuda que necesitaba, hace mucho habríamos tenido una obra próspera en Madison. Nuestro pueblo debe ser alentado a dar de sus recursos para esta obra que está preparando estudiantes de una manera sensata y creíble para salir a los campos descuidados y proclamar el pronto regreso de Cristo.

Ahora se está levantando un modesto sanatorio, y un edificio escolar más cómodo. Estos eran necesarios para llevar adelante en forma correcta la obra educativa. En lo pasado, los hermanos Sutherland y Magan usaron su tacto y capacidad en reunir medios para el bien de la causa como un todo. Ahora ha llegado el tiempo cuando estos fieles obreros debieran recibir de los hermanos, los mayordomos de Dios, los recursos que ellos necesitan para llevar adelante con éxito la obra de la escuela de Madison y el pequeño sanatorio de Madison.

Apelo a nuestros hermanos a quienes Dios ha confiado el talento del dinero: ¿No estarán dispuestos a ayudar a los obreros en Madison, que han sido los instrumentos para reunir dinero para muchos proyectos? Como mensajera del Señor, les pido que ayuden a la escuela de Madison, ahora. Este es su tiempo de necesidad. El dinero que ustedes poseen es el capital que les confió el Señor. Debiera estar listo para responder a llamados de lugares donde el Señor tiene necesidad de él.

Las necesidades de la escuela de Madison requieren ayuda inmediata. Hermanos, trabajen mientras el día dura; porque la noche viene, cuando nadie puede obrar.

25 de mayo de 1908.
Elena G. de White

Apéndice C — La obra de la escuela de Madison

Elena G. de White
1908

En la obra que se hace en la escuela de preparación para maestros en nuestro territorio y en el extranjero en Madison, Tennessee, y en las pequeñas escuelas establecidas por los maestros que han salido de madison, tenemos una ilustración de una manera en la que debería llevarse el mensaje. Yo diría a los obreros allí: Continúen aprendiendo de Cristo. No se acobarden. Sean libres en Cristo; sean libres. En Madison se ha hecho mucha obra aceptable. El Señor les dice a ustedes: Sigan adelante. La escuela de ustedes ha de ser un ejemplo de cómo el estudio de la Biblia, la educación general, la educación física, y la obra del sanatorio pueden combinarse en muchas escuelas más pequeñas que han de ser establecidas con sencillez en muchos lugares en los estados del sur.

Mis hermanos en cargos de responsabilidad, no se lamenten sobre la obra que se está haciendo en Madison para preparar obreros para salir a los caminos y los vallados. Es la voluntad de Dios que esta obra se haga. Dejemos de criticar a los siervos de Dios, y humillemos nuestros corazones delante de Dios. Fortalezcamos a este grupo para que continúe la buena obra en la que están ocupados, y trabajemos para animar a otros a hacer una obra similar. Entonces la luz de la verdad será llevada de una manera sencilla y efectiva, y se realizará una gran obra para el Maestro en un tiempo corto.

Cuando el Señor favorece a alguno de sus siervos con ventajas mundanas, es para que puedan usar esas ventajas para el beneficio de la obra. Como colaboradores con Dios, los hombres deben recordar constantemente la necesidad de dar el mensaje de la pronta venida de Cristo a la gente que no ha sido advertida. En esto no estamos abandonados a solo la inteligencia humana, porque los ángeles de Dios están esperando para animarnos en una vida de paciencia y abnegación. Hemos de aprender a estar contentos con comida y vestimenta sencilla, para que podamos ahorrar mucho para invertir en la obra del evangelio.

El evangelio de Cristo requiere consagración total. El sembrador cristiano ha de salir a sembrar. Pero muchos por sus murmuraciones y disputas se están incapacitando para el trabajo. Sus sentidos indolentes no disciernen cuán débiles son sus esfuerzos, y cuán fuerte es su incredulidad. Despiértense nuestros miembros de iglesia a sus responsabilidades y privilegios ahora. Pasen menos tiempo en indulgencia propia y adornos innecesarios. El dinero así gastado es del Señor, y se necesita para hacer una obra sagrada en su causa. Eduquen a los niños para hacer obra misionera, y traer sus ofrendas a Dios. Despertémonos a nuestra necesidad de negar nuestro yo. Despertémonos a un sentido del carácter espiritual de la obra en la que profesamos estar ocupados.

He dicho solo un poco en comparación con todo lo que se podría decir sobre el tema. Pero apelo a nuestros ministros, a nuestros maestros, y a nuestros médicos para que se despierten del sueño, y vean las oportunidades para trabajar que están a su alcance, pero que por años se ha dejado sin aprovechar.

Nuestra falta de abnegación, nuestra negación a ver las necesidades de la causa en este momento, y responder a ellas, demandan arrepentimiento y humillación de corazón delante de Dios. Es un pecado que quien conoce la verdad de Dios cruce sus brazos y traspase su deber a otro.

Es un pecado que alguno critique y encuentre faltas en aquellos cuya manera de trabajar no sea exactamente como la propia. Que nadie eche la culpa o censure a los hombres que trabajaron en Madison. En lugar de quejarse por la obra de su hermano, comience su propia obra descuidada. En lugar de encontrar fallas en el carácter de su hermano, escudriñe su propio corazón, confiese sus pecados, y actúe en forma honesta con Dios. Haya condenación del yo por la obra que queda sin hacer en todo su alrededor. En lugar de poner impedimentos en el camino de aquellos que están tratando de realizar algo en el sur, permita que sus ojos se abran para ver que el tiempo está pasando, y que hay mucho que usted puede hacer.

El Señor trabaja por medio de diversas agencias. Si hay quienes desean entrar en campos nuevos y comenzar líneas nuevas de labor, anímelos a hacerlo. Los adventistas del séptimo día están haciendo una obra grande y buena; que no se levante ninguna mano para estorbar a su hermano. Los que han tenido experiencia en la obra de Dios debieran ser animados a seguir la conducción y el consejo del Señor.

No se preocupe si algunos recursos van directamente a quienes tratan de hacer obra misionera de una manera tranquila y efectiva. Los recursos no los maneja una sola agencia u organización. Hay muchas tareas que deben ser hechas a conciencia para la causa de Dios. Debe buscarse ayuda de toda fuente posible. Hay hombres que pueden hacer la tarea de conseguir medios para la causa, y cuando estos están trabajando a conciencia y en armonía con los consejos de sus compañeros de labores en el campo que representan, la mano de la restricción no debe ponerse sobre ellos. Ciertamente son colaboradores junto con Dios quien dio su vida por la salvación de las almas.

Se debe animar a los hermanos Sutherland y Magan a solicitar recursos para el sostén de su obra. Es el privilegio de estos hermanos recibir donaciones de cualquiera de nuestro pueblo a quien Dios impresione para ayudar. Deberían tener los medios —los medios de Dios— con los cuales trabajar. El proyecto de Madison ha sido debilitado en lo pasado, pero ahora debe ir adelante. Si esta obra se hubiera visto a la luz correcta, y se le hubiera dado la ayuda que necesitaba, hace mucho que tendríamos una obra próspera en Madison. Ha de animarse a nuestro pueblo a dar de sus medios para esta obra que está preparando estudiantes de una manera sensata y loable para salir a los campos descuidados para proclamar la pronta venida de Cristo.

El Señor dirigió a los hermanos Sutherland y Magan, como hombres de sólidos principios, a establecer una obra en el sur. Han ideado y planificado y sacrificado a fin de llevar adelante la obra en líneas correctas, pero la obra ha sido grandemente demorada. El Señor guió a sus siervos en la selección de la granja en Madison y él desea que sea administrada según directrices correctas, para que otros, aprendiendo de los obreros allí, puedan iniciar una obra similar y conducirla de la misma manera. Los hermanos Sutherland y Magan fueron elegidos por Dios y son fieles, y el Señor del cielo les dice: Tengo una obra especial para que estos hombres hagan en Madison, una obra de educar y preparar a jóvenes y señoritas para los campos misioneros. El Espíritu de Dios estará sobre sus obreros si desean andar humildemente delante de él. Él no ha limitado ni restringido la obra de estos hombres abnegados y sacrificados.

A aquellos en nuestras asociaciones que han sentido que tienen la autoridad para prohibir la recolección de recursos en cierto territorio, les digo ahora: Este asunto me ha sido presentado una y otra vez. Ahora doy mi testimonio en el nombre del Señor, a quienes corresponda. Dondequiera que estén, detengan sus prohibiciones. La obra de Dios no ha de ser así estorbada. Estos hombres a quienes ustedes han estado observando y criticando están sirviendo fielmente a Dios. Ellos temen y honran a

Dios; son colaboradores con él. Dios les prohíbe a ustedes a poner ningún yugo sobre los cuellos de estos sus siervos. Es el privilegio de estos obreros aceptar donaciones o préstamos para que puedan invertirlos en ayudar a hacer una obra importante que se necesita grandemente hacer. Esta maravillosa carga de responsabilidad que algunos suponen que Dios ha puesto sobre ellos con sus cargos oficiales, nunca fue puesta sobre ellos. Si los hombres estuvieran libres en la alta plataforma de la verdad, nunca aceptarían la responsabilidad de hacer reglas y reglamentos que estorben y frenen a los obreros elegidos por Dios en su obra de preparar misioneros. Cuando aprendan la lección de que "Todos vosotros sois hermanos", y se den cuenta de que sus colaboradores pueden saber tan bien como ellos cuán bien usar de la manera más sabia los talentos y capacidades confiados a ellos, quitarán los yugos que ahora están frenando a estos hermanos, y les darán crédito por haber amado a las almas, y por su deseo de trabajar abnegadamente para promover los intereses de la causa.

Apéndice D — Palabras de ánimo a los obreros de sostén propio

Elena G. de White
1909

Informe de un discurso de la Sra. Elena G. de White a los maestros y alumnos del Instituto Agrícola y Normal de Nashville, en Madison, Tennessee, 26 de abril de 1909.

ESCUELAS PARA LOS CAMINOS Y LOS VALLADOS

Estoy muy contenta de tener la oportunidad de hablar a tantos como veo delante de mí en este momento, en un campo donde todavía hay una gran obra por hacer. En todos estos campos no trabajados, se han de hacer esfuerzos especiales. Al trabajar por los que no están amonestados, hemos de procurar "forzarlos a entrar". ¿Por qué? Porque las almas están en juego. Hay un mensaje para ser dado a estas almas, y aquellos que están en los caminos y los vallados deben oír la Palabra de vida.

Hace varios años, durante una visita anterior al sur, mientras paseaba, a veces preguntaba quién ocupaba las casas frente a las que pasábamos, y me dijeron que en muchas de las casas sureñas más grandes vivían hombres que tenían importantes responsabilidades en el cuidado de las grandes estancias. Al preguntar más, supe que nadie había procurado llevar a estos hombres la Palabra de vida. Ninguno había ido a ellos, con la Biblia en la mano, diciendo: "Tenemos algo precioso para usted, y queremos que usted lo oiga". Antes de esto se me había presentado repetidamente que esta es una línea de trabajo que debe hacerse. Debemos ir a los caminos y los vallados, y llevar a la gente el mensaje de verdad que Cristo nos ha dado. Hemos de forzar a muchos a entrar.

Cristo quiso decir mucho cuando dijo: Salid por los caminos y los valladlos. No deben ustedes descuidar los caminos. Deben llevar la verdad a los que están en los caminos. Ni han de descuidar los que están en los vallados. Además de la obra que debe hacerse en las grandes ciudades, hay una tarea que deben hacer los que están esparcidos por toda la región alrededor. ¿Y cómo podemos alcanzarlos? Un medio importante de realizar esta obra es el establecimiento de pequeñas escuelas en comunidades necesitadas. Aun si hubiera unas pocas personas en el lugar, debería idearse algún medio para alcanzarlas. Dejen que el espíritu misionero se posesione de hombres y mujeres, jóvenes y adultos, y veremos que muchos irán a los caminos y los vallados, y constreñirán a los de corazón sincero a entrar.

Alguno puede preguntar: "¿Cómo los constreñirán?" Permitan que la verdad de Dios, en su pureza y poder, sea presentada a la conciencia de agentes vivientes, y enséñenles lo preciosa que es la verdad. Permitan que perciban que la Palabra de vida, aun Cristo mismo, vino a nuestro mundo porque Dios desea salvar a la humanidad caída; pues "de tal manera amó Dios al mundo, que ha dado a su Hijo unigénito, para que todo aquel que crea en él, no se pierda más tenga vida eterna".

LA ESCUELA DE MADISON PREPARA MAESTROS PARA LAS ESCUELAS DE LAS MONTAÑAS Y ESCUELAS MISIONERAS FAMILIARES

Hace casi cinco años, cuando estábamos buscando un lugar en el cual ubicar una escuela de preparación para maestros cerca de Nashville, visitamos esta plantación que más tarde aseguramos; y recuerdo que cuando vi el lugar por primera vez, hicimos planes de visitarla en carruajes, unos en una dirección y otros en otra, y buscamos a Dios pidiendo que nos impresionara si éste debía ser el lugar que él deseaba que eligiéramos para un centro de preparación. Por un tiempo, la perspectiva parecía prohibitiva; sin embargo, reservamos la plantación, y el trabajo comenzó. El Señor quería que la influencia de esta escuela se extendiera ampliamente por medio del establecimiento de pequeñas escuelas de misión en asentamientos carenciados en las montañas, donde maestros consagrados pudieran abrir las Escrituras a las almas hambrientas, y permitir que la luz de la vida brillara sobre los que estaban en la oscuridad.

Esta es exactamente la obra que Cristo hizo. Viajaba de lugar en lugar, y trabajaba por las almas. ¿Y quién era él? Uno igual al Padre. El Señor Jesús nos dio un ejemplo. Al ocuparse de la obra educativa en esas comunidades necesitadas, no permitan que ningún hombre venga a desanimarlos diciendo: "¿Por qué gasta su tiempo de esta manera? ¿Por qué no hacer una obra mayor y más importante en un campo más amplio?" Algunos, es cierto, deben hacer planes para anticipar el momento cuando harán un gran obra en respuesta a llamados generales, pero ¿quién se encargará de los caminos? ¿Quién irá a los vallados? Cristo llamará a algunos, y verán la necesidad de entrar en esas porciones descuidadas de la viña. Ellos se deleitarán en abrir las Escrituras a quienes están en tinieblas, y no comprenden la verdad. Esta es exactamente la obra que ha de hacerse. Que cada uno de nosotros esté en nuestro lugar y en nuestra suerte. Y si hay quienes el Señor llama para que se den a sí mismos a las porciones descuidadas de la viña, que ningún hombre procure que se vuelvan atrás de su obra señalada. Si aquellos que conocen la verdad, esconden de otros la gran luz que ha brillado sobre sus propios corazones, ellos serán tenidos por responsables por descuidar su deber.

Sentimos un interés ferviente en estas escuelas. Hay un vasto campo ante nosotros en el establecimiento de escuelas misioneras de familia. Que quienes sienten la carga de las almas sobre ellos, salgan y hagan trabajo de casa en casa, y enseñen a la gente precepto sobre precepto, aquí un poco, y allí un poco, guiándolos gradualmente a la plena luz de la verdad bíblica. Esto es lo que tuvimos que hacer en los días tempranos del mensaje. Al realizar esfuerzos fervientes, el Señor permitirá que su bendición descanse sobre los obreros, y descanse sobre los que están procurando comprender la verdad como está en la Palabra de Dios.

Hay verdades preciosas, verdades gloriosas, en la Palabra de Dios, y es nuestro privilegio llevar estas verdades ante la gente. En aquellas partes del campo donde muchos no pueden asistir a reuniones lejos de sus hogares, podemos llevar la verdad personalmente a ellos, y podemos trabajar con ellos con toda sencillez.

UN LUGAR PARA ADULTOS Y JÓVENES EN EL CAMPO DEL SUR

En preparación para la venida de nuestro Señor, hemos de hacer una obra amplia en las grandes ciudades. Tenemos un testimonio solemne que llevar a estos grandes centros. Pero en nuestra planificación para la extensión de la obra, debe incluirse mucho más que solo las ciudades. En los lugares apartados hay muchas, muchas familias que necesitan ser atendidas a fin de saber si comprenden la obra que Jesús está haciendo por su pueblo. Los que están en los caminos no han de ser descuidados, ni los que están en los vallados, y al viajar de un lugar a otro, y pasar ante casa tras casa, a menudo preguntábamos: "La gente que vive en estos lugares, ¿ha oído el mensaje? ¿Ha sido llevada a sus oídos la verdad de la Palabra de Dios? ¿Entienden que el fin de todas las cosas está cerca, y que los juicios de Dios son inminentes? ¿Se dan cuenta de que cada alma ha sido comprada a un precio infinito?" Cuando medito en estas cosas mi corazón anhela ver que la verdad sea llevada en su sencillez a los hogares de estas personas junto a los caminos y en lugares muy alejados de los atestados centros de población. No hemos de esperar hasta que se preparen obreros con los talentos más elevados para preparar el camino y mostrarnos cómo trabajar; sino, seamos mayores o jóvenes, tenemos el privilegio de comprender la verdad como es en Jesús, y al ver personas que no están en posesión del consuelo de la gracia de Dios, es nuestro privilegio visitarlos, y hacerles conocer el amor de Dios por ellos, y de su maravillosa provisión para la salvación de sus almas.

En esta obra en los caminos y los vallados, hay serias dificultades que afrontar y superar. El obrero, al buscar almas, no ha de temer ni desanimarse, pues Dios es su ayudador, y continuará siéndolo, y él abrirá caminos delante de sus siervos.

Estamos contentos, muy contentos, por las evidencias de prosperidad que acompañan la obra aquí en Madison. A cada uno de los reunidos en este Instituto, le diría: Escudriñe las Escrituras. Si usted no advierte plenamente los tiempos en que vive, y la cercanía del fin, procure obtener una percepción más completa de estas cosas escudriñando las Escrituras. Hay una obra que hacer en cada lugar. Debemos procurar captar el mismo espíritu del mensaje.

Debería haber escuelas para la gente de color como también en las tierras altas

Hay gente de color que debe ser salva. Ayer fue mi privilegio hablar a la gente de color reunida en su pequeña iglesia en Nashville. Un buen grupo de gente de color escuchaba con notable atención las palabras presentadas.

Estas personas no tuvieron nada que ver con su color. No son responsables por el hecho de que no son blancas; y cuán necio es que los seres humanos, que dependen de cada respiración, que sientan que no tendríamos nada que hacer con la gente de color. Tenemos un deber que realizar hacia ellos, y en el temor de Dios estamos procurando cumplir con nuestro deber al proveer toda manera posible para que ellos oigan el mensaje del tercer ángel, y se preparen para proclamar la verdad a su propia raza.

¿Conoce usted un alma que necesite salvarse? Cristo murió para salvar esa alma, y su trabajo es aprender cómo alcanzar el corazón de esa persona, y señalarle al Salvador.

En Hechos leemos la historia de Felipe y el noble: un noble etíope viajaba de vuelta a casa desde Jerusalén, y estudiaba las Escrituras; Felipe apareció delante de él, y le preguntó: "¿Entiendes lo que lees?" El registro nos informa que no lo entendía; y así Felipe subió al carro, y se sentó junto al eunuco, y abrió las Escrituras a su comprensión y lo deleitó con la verdad. Con corazón y mente iluminados, el etíope creyó el mensaje que había oído. Mientras seguían su camino, llegaron a una corriente de agua, "y dijo el eunuco: Aquí hay agua, ¿qué impide que yo sea bautizado?" y Felipe replicó: "Si crees de todo corazón, bien puedes". El noble respondió: "Creo que Jesucristo es el Hijo de Dios". Al oír esta declaración, Felipe de inmediato bajó con el eunuco al agua, y allí lo bautizó. Felipe de inmediato se fue, pues había recibido un mensaje de ir a otra parte. El noble "siguió gozoso su camino", creyendo en las verdades de la Palabra de Dios.

Cuando los corazones humanos son susceptibles a las influencias del Espíritu Santo de Dios, el Señor puede realizar una gran obra por medio de sus siervos. Puede llevarlos a asociarse con hombres y mujeres que necesitan ayuda y ánimo. En todas partes podemos encontrar almas que anhelan la ayuda que podamos darles; y al disponer de nuestro trabajo como para atender esta necesidad, no debemos perder de vista las partes descuidadas de la viña. Los hombres pueden decir que es un desperdicio de tiempo y dinero valiosos que jóvenes y señoritas fuertes vayan a estas montañas y lugares apartados para trabajar. Algunos podrán alegar que no podemos darnos el lujo de permitir que jóvenes de talento se ocupen de esta línea de trabajo.

"¡No podemos darnos el lujo!" Si hay solo un alma para salvar, esa alma es más preciosa que toda la riqueza combinada del mundo.

HILLCREST, UNA ESCUELA DE PREPARACIÓN PARA OBREROS DE COLOR

Agradezcamos a Dios que la gente de color tiene una granja escuela cerca de Nashville. Antes de ayer tuve el privilegio de visitar la Escuela de Hillcrest, y de ver las pequeñas casas que habían levantado para acomodar a unos pocos estudiantes. Una hermana había enviado recientemente dinero suficiente para edificar una humilde cabaña. En este regalo, los administradores de la escuela ven una evidencia de la mano favorecedora de Dios. El Señor está realmente actuando sobre los corazones de su pueblo, y conduciéndolos a ayudar en el establecimiento de centros de preparación para la educación de jóvenes de color para trabajar entre los de su propia raza. Hillcrest es una propiedad hermosa, y da oportunidad para que muchos puedan recibir una preparación para servir. Agradezcamos a Dios por esto, y cobremos ánimo.

El hermano Staines y sus asociados están ocupados en una buena obra. Creo que el Señor los ha conducido, y los bendecirá al hacer concienzudamente aquello que han comenzado. Es mi oración que el Señor actúe sobre la mente de su pueblo para apropiarse de esta obra y ayudar a hacerla avanzar. No debemos permitir que las críticas y los movimientos no sabios de algunos de los hermanos desanimen a los obreros y estorben la obra. Como el Señor dirigió al hermano Staines a realizar esta obra, otros serán dirigidos a varios lugares para ayudar. Los hombres en diferentes partes del campo, como colaboradores con Dios, buscarán a jóvenes de color prometedores, y los animarán a asistir a esta escuela. Y ellos ayudarán a proveer un edificio adecuado con salas de clase.

En años pasados la gente de color ha sido terriblemente descuidada. El tiempo está llegando cuando no podamos darles fácilmente el mensaje. Se pondrán restricciones acerca de ellos hasta tal punto que será casi imposible alcanzarlos; pero en este tiempo ese no es el caso, y podemos ir a muchos lugares donde hay personas de color, y podemos abrirles las Escrituras a su comprensión, y conducirlos a aceptar las verdades de la Palabra de Dios. Cristo hará la impresión sobre sus corazones.

ALGUNOS NO VEN LA NECESIDAD DE ESCUELAS RURALES

Hay entre nosotros algunos que han estado en la verdad durante años, que nunca han visto ni sentido la necesidad que hay para trabajar por los caminos y los vallados. Todos ellos deberían buscar una reconversión del corazón, iluminación divina, para que puedan discernirlas necesidades de un mundo moribundo. Cristo vino para buscar y salvar lo que se había perdido. Él iba a pie. No viajaba en transportes cómodos. No había ferrocarriles ni otros medios modernos de trasporte en sus días. Se sabe que caminaba, y que multitudes se unían a él mientras caminaba. A lo largo del camino, al viajar, abría las Escrituras a la comprensión de sus seguidores. Constantemente les repetía las palabras de vida. Las multitudes que lo apretujaban, estaban encantados con los principios que presentaba en sus discursos.

Al ir por los caminos y los vallados, no permitan que ningún ministro les diga: "¿Por qué hacéis esto?" Tenemos como nuestro ejemplo a Cristo sobre esta tierra. Hemos de sacar nuestras luces de debajo de las cubiertas que las esconden de otros, y dejarlas brillar en medio de la oscuridad moral.

"Somos colaboradores con Dios". Los que esperan vestir al fin una corona de vida, tienen que ser luminarias en esta vida.

NO DIGAN QUE NO PUEDEN AFRONTAR LA OBRA DE SOSTÉN PROPIO

Cuando visité Madison por primera vez, hace unos cinco años, y observamos esta propiedad para la escuela, les dije a los que estaban conmigo, que en apariencia era similar a uno de los lugares que se me habían presentado antes en visión durante la noche, un lugar donde nuestro pueblo pudiera tener la oportunidad de presentar la luz de la verdad a quienes nunca habían oído el último mensaje del evangelio...

Estoy contenta de que nuestro pueblo se estableció aquí en Madison. Estoy contenta de encontrarme con estos obreros aquí, quienes se están ofreciendo para ir a diferentes lugares. La obra de Dios ha de avanzar constantemente; su verdad ha de triunfar. A cada creyente diríamos: No permitan que nadie se interponga en el camino. No digan: "No podemos afrontar la obra en un lugar escasamente poblado, y mayormente de una manera de sostén propio, cuando afuera en el mundo hay grandes campos donde podríamos alcanzar a multitudes". Y que ninguno diga: "No podemos sostenerlos en un esfuerzo de trabajo para los que están en lugares apartados". ¡Qué! ¡No podemos afrontarlo! No pueden afrontar el trabajar en estos lugares aislados; y si descuidan esos campos, el tiempo vendrá cuando desearían que hubieran podido afrontarlo. Hay un mundo para salvar. Que algunos de nuestros maestros consagrados salgan a los caminos y los vallados, y fuercen a entrar a los de corazón honesto, no por fuerza física; ¡oh, no!, sino con el peso de la evidencia como se presenta en la Palabra de Dios.

Que ningún ser viviente —hombre, mujer, o niño— se quede egoístamente satisfecho con un conocimiento de la verdad. Hay hombres y mujeres de corazón sincero en las montañas que deben recibir el mensaje de advertencia. Hay quienes no pueden tener el privilegio de escuchar la verdad como a menudo se presenta en grandes asambleas; éstos deben ser alcanzados por el esfuerzo personal.

EN LA OBRA HAY LUGAR PARA TODOS

Cada uno tenemos una obra que hacer para Dios, cualquiera sea nuestra ocupación. Los que están en sus granjas, no han de pensar que sería una pérdida de tiempo para ellos hacer planes para ir y visitar a sus vecinos, y presentar delante de ellos la luz de la verdad para este tiempo; porque aun si parece difícil dejar el trabajo de la granja, no obstante no perderemos financieramente por causa del tiempo pasado ayudando a otros. Hay un Dios en el cielo que bendecirá nuestras labores. A cada hombre —y a cada mujer— él le ha dado su trabajo. Podemos cooperar con Cristo al mostrar a otros lo que significa buscar la vida eterna como si fuera un tesoro escondido. Dios nos ha llamado a esta clase de labor: atender a los pobres, los necesitados, los sufrientes; a estar despiertos a las necesidades de aquellos que necesitan refrigerio espiritual; a estar listos siempre para abrir las Escrituras a las almas hambrientas.

No permitan que otros lo desanimen de tomar parte en esta obra

Alguno podrá decir: "Si me fuera a ocupar en esta clase de obra, algunos conectados con la iglesia me mirarían mal". ¿Qué pasaría si así fuera? Cristo ha dicho: "Tu justicia irá delante de ti y la gloria de Jehová será tu retaguardia". No tenemos un estímulo mayor que éste; hemos de buscar salvar a aquellos que están dispuestos a salvarse. Hemos de llevar la verdad delante de aquellos que estén dispuestos a escucharla. Nuestras almas debieran estar llenas con un amor por la verdad. Y al hacer nuestra parte fielmente, Cristo reconocerá nuestros esfuerzos, y añadirá su bendición especial. Y oh, ¡qué recompensa espera a al ganador de almas! Cuando las puertas de esa hermosa ciudad en lo alto se abran sobre sus resplandecientes bisagras, y las naciones que guardaron la verdad entren por ellas, coronas de gloria se pondrán sobre sus cabezas, y atribuirán honor y gloria y majestad a Dios. Y en ese tiempo algunos vendrán a ustedes y dirán: Si no hubiera sido por las palabras que me hablaste con bondad, si no hubiera sido por tus lágrimas y ruegos y esfuerzos fervientes, nunca hubiera visto al Rey en su belleza. ¡Qué recompensa es ésa! ¡Cuán insignificante es la alabanza de los seres humanos en esta vida temporal, terrestre, en comparación con las recompensas infinitas que esperan a los fieles en la vida futura e inmortal!

La granja como un medio de sostén

¿No ven que la gloria del Señor está actuando aquí en Madison? Ustedes no han de fracasar, no han de desanimarse. Traigan a sus casas a los pobres que están marginados, háblenles palaras de consuelo. Yo sé que están tratando de hacer esta obra, y creo que Dios seguirá bendiciéndolos, y que él bendecirá esta granja escolar.

Agradezcamos a Dios por el privilegio de ser sus porta-luces. Esta hermosa granja en Madison es un medio de sostén; no ha de estorbarnos en hacer la obra específica que Dios nos ha señalado que hagamos. Y al tratar de extender la influencia de esta escuela a los lugares necesitados más allá, están haciendo exactamente la obra que Dios quiere que hagan. Su bendición estará sobre cada uno que procura magnificar la verdad. No permitan que ninguna mano viviente, de ministros o laicos, se ponga sobre usted con la declaración: "Usted no puede ir allá, no debe ir allá; no lo sostendremos si no va a donde le pedimos que vaya; o si no se entrega a la búsqueda de almas para traerlas a la verdad en cierto lugar que designemos". Dios los bendecirá mientras siguen buscando almas perdidas en los lugares apartados.

LA RECOMPENSA DE AQUELLOS QUE TRABAJAN EN LUGARES DIFÍCILES

A aquellos que están conectados con nuestras diversas actividades escolares en el sur, yo diría: Ninguna mano se ponga sobre ustedes, diciendo: "No pueden hacer esta labor; no deben gastar su tiempo de esta manera". ¡Tiempo! Es el tiempo de Dios, y tenemos el derecho de trabajar por los necesitados y los afligidos, y especialmente por la gente de color. Si seguimos trabajando con fe y humildad, Dios revelará que su justicia va delante de nosotros, y la gloria del Señor será nuestra retaguardia. Al tratar de seguir conociendo a Dios, aprenderemos que su salida está preparada como la luz de la mañana. Ustedes han estado ganando en entendimiento de esto desde que han estado aquí, ¿verdad?

En el comienzo, ustedes no tuvieron la luz brillante del día iluminando todas las líneas animadoras; pero Dios está obrando, y seguirá actuando. Perseveren en el humilde curso que han estado tomando, para preparar el camino para que el Señor obre.

Dios desea que cada hombre ocupe su lugar y su tarea, y no sientan que su trabajo es demasiado difícil. ¡Por qué! Porque él está listo para darles fuerzas. Él me ha otorgado fuerzas durante todo el camino según viajábamos hacia el este. Él me dio fuerzas para hablar a la gente que visitamos de lugar en lugar. En College View, Nebraska, yo hablé el sábado a dos mil personas. La gloria de Dios descansó sobre nosotros.

Ahora, mis queridos amigos, ¿quiénes serán colaboradores con Dios? ¿Quién tomará la carga del servicio? ¿Quién verá a los que están alejados, pasando dificultades, y sin saber nada de la verdad? ¿Quién los traerá? ¿Quién usará sus esfuerzos para hacerlos hijos e hijas de Dios? Cuando entren por las puertas a la ciudad, y se ponga la corona de vida sobre sus frentes, y las frentes precisamente de quienes ustedes trabajaron para salvar, ellos se arrojarán sobre sus cuellos y dirán: "Fuiste tú quién salvó mi alma; yo hubiera perecido si tú no me hubieras salvado de mí mismo. Te tomó bastante tiempo; pero fuiste paciente conmigo, y me ganaste al conocimiento de la verdad".

Y entonces, mientras colocan sus coronas a los pies de Jesús, y tocan las arpas de oro que están en sus manos, y se unen en alabar y glorificar a su Redentor, y perciban que la de ellos es la mayor bendición de la vida, la vida eterna, habrá gozo en verdad. Y ¡oh, el pensar que nosotros podemos ser instrumentos, bajo Dios, en ayudar a mostrarles a hombres y mujeres el camino de la salvación, mientras vivimos en esta tierra!

UNA SÚPLICA PIDIENDO FAMILIAS QUE TRABAJEN EN EL SUR

En conclusión, yo diría a cada uno: Si das tu corazón a Dios, si con humildad tomas la obra que te señala, y permaneces fiel, al fin escucharás las palabras, "Venid, benditos de mi Padre, heredad el Reino preparado para vosotros desde la fundación del mundo". ¿No es esta recompensa suficiente? En ese mundo feliz, no habrá más tentaciones, ni tristezas. En tu vida terrenal has trabajado como colaborador de Dios; has vivido de tal modo que tu justicia se ha dado a conocer, y la gloria de Dios ha sido tu retaguardia.

¡Oh, trabajemos hoy, mientras tenemos todavía oportunidad! Esforcémonos por traer almas a la luz de la verdad, al abrirles las Escrituras, y al orar con ellas, y suplicarles que acepten a Jesús como su Salvador. Y al ocuparte en esta obra, Jesús es tu Ayudador, el mismo Jesús que pasó por el camino antes que nosotros, y dio su vida a nuestro favor. Si hacemos sacrificios a mano derecha y a mano izquierda; si buscamos ser colaboradores con Dios, —sin el cual no podemos hacer nada bien— al final tendremos la vida que se mide con la vida eterna de Dios: sin la perspectiva de caída, sin Satanás que tiente y desvíe, sin muerte. Anhelo ver familias ocupadas en salvar almas, procurando hacer brillar su luz en medio de la oscuridad moral del mundo. Que Dios nos ayude, es mi oración.

INSTRUCCIONES RECIENTES CON RESPECTO A LAS ESCUELAS EN EL SUR

MATERIAS QUE SE DEBEN ENSEÑAR EN ESTAS ESCUELAS

Entre nuestro pueblo hay un peligro constante de que los que se ocupan en la labor de nuestras escuelas y sanatorios entretengan la idea de que deben ponerse en línea con el mundo, estudiar las cosas que el mundo estudia, y llegar a familiarizarse con las cosas con las que el mundo se familiariza. Este es uno de los mayores errores que podrían cometerse. Cometeremos grandes errores a menos que prestemos atención especial a escudriñar la Palabra…

Fuertes tentaciones vendrán a muchos que ponen a sus hijos en nuestras escuelas porque ellos desean que los jóvenes obtengan lo que el mundo considera como la educación más esencial. Quién sabe qué es la educación más esencial a menos que sea la educación que se puede obtener del Libro que es el fundamento de todo verdadero conocimiento. Los que consideran como esencial el conocimiento obtenido siguiendo la línea de la educación mundana, están cometiendo un grave error, un error que los hará inclinarse por las opiniones individuales que son humanas y erradas. A aquellos que sienten que sus hijos deben tener lo que el mundo llama la educación esencial, yo les diría: Traigan a sus hijos a la sencillez de la Palara de Dios, y ellos estarán seguros. Seremos grandemente esparcidos antes de mucho y lo que debe hacerse, debe hacerse prontamente.

Se me ha dado luz de que se pondrán tremendas presiones sobre cada adventista del séptimo día con quienes el mundo puede entrar en conexión estrecha. Necesitamos comprender estas cosas. Los que buscan la educación que el mundo estima tan altamente, gradualmente se deslizan más y más lejos de los principios de la verdad hasta que llegan a ser mundanos educados. ¡A qué precio obtuvieron su educación! Se han separado del Espíritu Santo de Dios. Han elegido aceptar lo que el mundo llama conocimiento en lugar de las verdades que Dios ha encomendado a los hombres por medio de sus ministros y profetas y apóstoles. Y hay algunos quienes, habiendo obtenido esta educación mundana, piensan que pueden introducirla en nuestras escuelas. Pero permítanme decirles que no deben tomar lo que el mundo llama la educación superior y traerla a nuestras escuelas y sanatorios e iglesias. Les hablo decididamente. Esto no debe hacerse...

Si lo miramos a él, el Señor nos ayudará a comprender en qué consiste la verdadera educación superior. No ha de ser ganada sujetándose a largos cursos de estudio continuo. En tal curso obtendrá algunas cosas que son valiosas, y muchas cosas que no lo son. El Señor quiere que ustedes lleguen a ser colaboradores con él. Él es nuestro ayudador. Él quiere que nos acerquemos a él aprendamos de él con toda humildad de mente... No consideren la educación teórica como la más esencial. — *Instruction to Students and Teachers of Union College*, mayo de 1909.

La presentación en nuestras escuelas no debería ser ahora como ha sido en lo pasado introduciendo tantas cosas como esenciales que son solo de importancia menor. La luz que me fue dada es que los mandamientos de Dios, la voluntad de Dios con respecto a cada individuo, debiera ser el estudio principal de cada estudiante que quiere estar preparado para los títulos más altos en la escuela de arriba. — *Carta* privada, enero de 1909.

Trabajen para la verdadera educación superior

Ahora es nuestro tiempo para trabajar. El fin de todas las cosas está cerca... Por la pluma y por la voz trabajad para descartar las falsas ideas que han tomado posesión de las mentes de los hombres con respecto a la educación superior. — *Carta* personal, junio de 1909.

Yo no digo que no debe haber estudio de los idiomas. Se deben estudiar idiomas. Antes de mucho habrá una necesidad positiva para que muchos dejen sus hogares y trabajen entre los de otros idiomas; y los que tengan algún conocimiento de idiomas extranjeros, por ello podrán comunicarse con aquellos que no conocen la verdad. Algunos de nuestro pueblo aprenderán los idiomas en los países a los cuales son enviados. Esta es la mejor manera. Y hay Uno, que estará junto al lado de un obrero fiel para abrir el entendimiento y para darle sabiduría. Si usted no sabe ni una palabra de idiomas extranjeros, el Señor podría hacer fructífero su trabajo. — *Instruction to Students and Teachers of Union College,* mayo de 1909.

Debieran iniciarse escuelas de misión
porque ellas apresurarán el fin

Se debería idear todo medio posible para establecer escuelas del tipo de Madison en diversas partes del sur; y los que ceden sus recursos y su influencia para ayudar a esta obra, están ayudando a la causa de Dios. Se me instruyó que diga a aquellos que tienen recursos en abundancia: Ayuden a la obra en Madison. Ustedes no tienen tiempo que perder. Satanás pronto se levantará para crear obstáculos; permitan que la obra avance mientras pueda. Fortalezcan ese grupo de educadores para que continúen la buena obra en la cual están ocupados, y esfuércense para que otros se ocupen en hacer una obra similar. Entonces la luz de la verdad será llevada de una manera sencilla y efectiva, y se realizará una gran obra para el Maestro en poco tiempo. — "An Appeal for the Madison School".

Vayan por los caminos y los vallados

Se me ha dado la luz de que no deben tener una ansiedad especial para incluir demasiados intereses en una localidad, sino que se deberían buscar lugares en distritos alejados... Las semillas de la verdad han de ser sembradas en centros no cultivados...

Mientras se incurren tan grandes gastos para iluminar la gente de idiomas extranjeros, todos hemos de estar igualmente despiertos para alcanzar, si es posible, a los extranjeros y a los inconversos en nuestro propio país... Hay obra misionera que ha de hacerse en muchos lugares no prometedores. El espíritu misionero debe capturar nuestras almas, inspirarnos para alcanzar las clases por las que no hemos planificado trabajar, y maneras y lugares que no teníamos idea de trabajar. — *Carta* personal, octubre de 1908.

Dónde están los obreros para esos lugares necesitados

Los miembros de iglesia deben ser estimulados a trabajar...Se me instruyó que diga que los ángeles de Dios dirigirán la apertura de campos cercanos así como los lejanos... Dios llama a los creyentes que obtengan una experiencia en obra misionera al extenderse a territorios nuevos, y al trabajar en forma inteligente por la gente en los caminos apartados... Dios está ciertamente abriendo el camino para que nosotros, como pueblo, nos dividamos y subdividamos en grupos que han llegado a ser demasiado grandes como para trabajar juntos para el mayor beneficio. — *Carta* personal, octubre de 1908.

Cómo comenzar la obra en el sur

Se ofrecerán propiedades para vender en distritos rurales a un precio por debajo del costo real, porque los dueños desean tener las ventajas de la ciudad, y son estas las ubicaciones rurales que deseamos obtener para nuestras escuelas. — *Carta* personal.

Con respecto a la obra en el sur

Extractos de un discurso dado por la Sra. Elena G. de White en la reunión de la Asociación General, Washington, D. C., mayo de 1909.

Escuelas rurales como agencias evangelizadoras

En mi viaje a Washington tuve alguna experiencia en ir no solo a los caminos sino también a los vallados. Vi algo del trabajo que se está haciendo en las escuelas de misión cerca de Nashville. Pequeños grupos de obreros están saliendo a las montañas y trabajando por aquellos que no han oído el mensaje, y aquí y allá comienzan a levantarse pequeños grupos de creyentes. Quién se atrevería a poner su mano sobre tales obreros, y decir: No tienen que trabajar así; cuesta demasiado. ¿Puede compararse con el sacrificio que hizo Cristo a fin de salvar las almas que perecen? Mis hermanos y hermanas, les pido en el nombre de Jesús de Nazaret, que saquen su luz de debajo del cajón, y la dejen brillar para que otros puedan beneficiarse. — *The General Conference Bulletin*, 17 de mayo de 1909.

DEN A LAS ESCUELAS LA LIBERTAD DE LLEVAR A CABO LOS PLANES DE DIOS

Allí están nuestras escuelas. Han de ser dirigidas de tal manera que desarrollen misioneros que saldrán a los caminos y los vallados para sembrar semillas de verdad. Esta fue la comisión de Cristo a sus seguidores...

No permitan que ningún hombre venga como un gobernante arbitrario, y diga: Usted no debe ir acá, y no debe ir allá; usted debe hacer esto y no aquello. Tenemos una obra grande e importante que hacer, y Dios quiere que hagamos esa obra en forma inteligente. El poner a hombres en cargos de responsabilidad en diversas asociaciones, no los hace dioses. Ninguno tiene sabiduría suficiente para actuar sin consejo. Los hombres necesitan consultar con sus hermanos, consultar juntos, orar juntos, y hacer planes juntos para el avance de la obra. Que los obreros se arrodillen juntos para orar a Dios, pidiéndole que dirija su camino. En este punto, ha habido una gran falta. Hemos confiado demasiado en las ideas de los hombres. No podemos darnos el lujo de hacer esto. Vienen tiempos peligrosos, y debemos llegar al punto donde sepamos que Dios vive y gobierna, y que él mora en los corazones de los hijos de los hombres. Debemos tener confianza en Dios...

Hay escuelas que deben establecerse en países extranjeros y en nuestro propio país. Debemos aprender de Dios cómo administrar estas escuelas. No han de ser dirigidas como han sido dirigidas muchas de ellas. Nuestras instituciones han de ser consideradas como los instrumentos de Dios para el avance de su obra en la tierra. Debemos pedir a Dios su conducción y sabiduría; debemos rogarle que nos enseñe a llevar la obra en forma sólida. Reconozcamos al Señor como nuestro guía y maestro, y entonces haremos la obra siguiendo líneas correctas...

En todas nuestras escuelas necesitamos tener una comprensión correcta de lo que es la educación esencial. Los hombres hablan mucho de educación superior, pero ¿quién puede definir lo que es la educación superior? La educación más elevada se encuentra en la Palabra del Dios vivo. Esta educación que nos enseña a someter nuestras almas a Dios con toda humildad, y que nos permite tomar la Palabra de Dios y creer exactamente lo que dice, es la educación que más se necesita...

Si los hombres no se mueven en armonía en la grande y grandiosa obra para este tiempo habrá confusión. No es una buena señal cuando los hombres rehúsan unirse con sus hermanos, y prefieren actuar solos… Por otro lado, los líderes entre el pueblo de Dios han de cuidarse contra el peligro de condenar los métodos de obreros individuales que son guiados por el Señor para hacer una obra especial que solo pocos están capacitados para realizar. Que los hermanos que tienen responsabilidad sean lentos para criticar los movimientos que no están en perfecta armonía con sus métodos de trabajo. Que nunca supongan que cada plan debe reflejar su propia personalidad. Que no teman confiar en los métodos de otro; porque al retener su confianza de un compañero de labores que, con humildad y celo consagrado, está haciendo una obra especial de la manera que Dios le ha asignado, están retrasando el avance de la causa del Señor… Dios puede usar y usará a quienes no han tenido una educación completa en las escuelas de los hombres. Dudar de su poder para hacer esto es incredulidad manifiesta.

Hay centenares de nuestro pueblo que deberían estar en el campo, que hacen poco o nada para el avance del mensaje. — *The General Conference Bulletin,* 31 de mayo de 1909.

La educación que debe ofrecerse en nuestras escuelas

Hay muchos que creen que a fin de estar preparados para un servicio aceptable, deben tomar un curso largo de estudios, bajo maestros eruditos en alguna escuela del mundo. Es cierto, deben hacer esto, si desean asegurarse lo que el mundo llama conocimiento esencial. Pero no decimos a nuestros jóvenes: Ustedes deben estudiar, estudiar, mantener sus mentes todo el tiempo en los libros. Tampoco les decimos: Deben pasar todo el tiempo adquiriendo la así llamada educación superior. Preguntemos: ¿Cuál es el objetivo de la educación superior? ¿No es que estemos en una relación correcta con Dios? La prueba de toda educación debería ser: ¿Es apropiada para que nuestras mentes estén fijas sobre la recompensa de la elevada vocación de Dios en Cristo Jesús? — *The General Conference Bulletin,* 30 de mayo de 1909.

La educación manual es una parte necesaria de todo currículo

Nuestros jóvenes debieran aprender desde su misma niñez cómo ejercitar el cuerpo y la mente en forma proporcional. No es sabio enviar a los niños a la escuela donde estarán sujetos a largas horas de confinamiento, y donde no obtendrán ningún conocimiento de lo que significa vivir sanamente. Pónganlos bajo la tutoría de aquellos que respetan el cuerpo y lo tratan con consideración. No pongan a sus niños en una posición desfavorable, donde no puedan recibir la preparación que los capacitará para soportar las pruebas y las dificultades…

Los estudiantes no necesitan hablar de sus realizaciones en la así llamada educación superior si no han aprendido a comer y beber para la gloria de Dios, y a ejercitar el cerebro, los huesos y los músculos de tal manera como para prepararse para el servicio más elevado posible. Todo el ser debe ser ejercitado si queremos asegurarnos una condición saludable de la mente; las facultades mentales y físicas deben ser usadas proporcionalmente…

A quienes están deseosos de ser obreros eficientes en la causa de Dios, yo diría, que si están dando al cerebro una carga indebida de trabajo, pensando que perderán terreno a menos que estudien todo el tiempo, sería mejor que cambien sus conceptos y su curso de acción. A menos que se ejerza un mayor cuidado a este respecto, hay muchos que bajarán a la tumba en forma prematura. No pueden darse el lujo de hacer esto; porque hay un mundo para salvar… En todas partes, en todas partes la verdad ha de surgir con su glorioso poder y sencillez. No se jacten de lo que saben, sino tomen su caso a Dios. Díganle, acepto las condiciones. — *The General Conference Bulletin*, 30 de mayo de 1909.

Sentencias específicas de testimonios anteriores

"En el futuro, el Espíritu del Señor impresionará a hombres en las diferentes ocupaciones de la vida para que dejen sus empleos comunes, y salgan a proclamar el último mensaje de misericordia. Tan rápidamente como sea posible han de ser preparados para el trabajo, para que el éxito corone sus esfuerzos".

"En el sur hay mucho que los laicos de la iglesia podrían hacer, personas de educación limitada. Hay hombres, mujeres y niños que necesitan que se les enseñe a leer".

"¿No se multiplicará el número de misioneros al sur? ¿No escucharemos de muchos voluntarios que están listos para entrar en este campo?"

"Toda la iglesia necesita ser imbuida con el espíritu misionero; entonces habrá muchos que trabajarán abnegadamente de diversas maneras según puedan, sin tener un salario".

"Necesitamos escuelas que sean de sostén propio, y esto puede ocurrir si los maestros son dispuestos, industriosos y económicos".

"Las escuelas han de establecerse fuera de las ciudades, donde los jóvenes puedan aprender a cultivar el suelo, y así hacer que ellos y las escuelas sean de sostén propio... Recójanse recursos para el establecimiento de tales escuelas".

"Hay una obra que hacer en el sur, y ella necesita hombres y mujeres que no necesiten ser predicadores tanto como ser maestros, hombres humildes que no tengan miedo de trabajar como granjeros para enseñar a los sureños cómo cultivar el suelo, porque blancos y negros necesitan ser educados en esta línea".

"Hay lecciones de la máxima importancia que deben aprenderse de la Palabra de Dios. Este gran Libro está abierto a nosotros para que nuestra juventud pueda ser educada según la manera en que lo fueron los hijos de los profetas. Nosotros, como pueblo, deberíamos llevar la obra de la educación de nuestros jóvenes de tal manera que ellos sean protegidos de vivir vidas de indulgencia propia".

"Se me ha mostrado que en nuestra obra educacional no hemos de seguir los métodos que han sido adoptados en nuestras escuelas establecidas anteriormente. Entre nosotros, demasiados se aferran a costumbres viejas, y por esto estamos muy atrás de donde deberíamos estar en el desarrollo del mensaje del tercer ángel".

"Años han pasado a la eternidad con resultados pequeños que podrían haber mostrado la realización de una gran obra".

"Las cosas de utilidad aprendidas en la granja escolar es la precisa educación que es más esencial para quienes saldrán como misioneros a muchos campos extranjeros".

"Ha habido un fracaso definido en alcanzar los requerimientos de Dios en el campo del sur. Necesitamos pedir al Señor que nos dé comprensión para que veamos nuestra falla, y captemos la situación en el sur, y la necesidad de hacer la obra misionera que está a la mano".

"Por veinte años ha estado delante de nuestro pueblo que deben hacer una obra especial en los estados del sur. Cuando el Señor envía mensajes repetidamente a su pueblo, es porque él desea que sigan la luz que les da".

"No hemos de trabajar en el mismo lugar una y otra vez, dejando muchos lugares donde el último mensaje de advertencia no se ha proclamado aún... Memphis, Nueva Orleans, y otras ciudades del sur están pidiendo obreros llenos con el poder del Espíritu".

"Como pueblo todavía tenemos que aprender qué significa ocupar nuestros puestos como misioneros entre un pueblo que no conoce la verdad para este tiempo".

"He recibido palabras de estímulo para nuestros obreros en Madison, que están tratando de dar a sus estudiantes una educación práctica mientras los afirman en los principios de nuestra fe. Los estudiantes están aprendiendo cómo cultivar la tierra, y cómo edificar casas sencillas y sin lujos. Y estos estudiantes son estimulados a salir y establecer otras escuelas industriales donde ellos, a su vez, pueden educar a sus estudiantes sobre cómo planificar y cómo edificar".

Apéndice E — Carta de A. W. Spalding

Copia de una carta de A. W. Spalding a L. K. Dickson, Asociación General de los Adventistas del Séptimo Día Mayo de 1953

Querido Hermano Dickson:

Puede que en algún momento encuentre el tiempo libre y la inclinación de leer esta carta. Es con la simpatía más profunda y el deseo de cooperar que celebro la venida de ustedes, hermanos —usted, el profesor Cossentine, y el pastor Bradley— al Southern Missionary College, con el propósito declarado de consultar con los docentes acerca de los amplios problemas de la Educación Cristiana. Sus pocas palabras conmigo después de su presentación inicial, así como sus declaraciones públicas, revelan el conocimiento de la herida profunda en nuestro cuerpo educacional, el corazón de toda nuestra causa, y de la necesidad de una cura radical si ha de encontrarse una solución.

El personal docente está invitado a discutir con ustedes libremente las causas de la dolencia, los efectos de la cual se ven en el letargo espiritual, las actitudes falsas e injuriosas, y la falta de poder para terminar la obra de Dios. He considerado entrar en la discusión pública, pero si expresara lo que hay en mi corazón al repasar las causas y sugerir el remedio, tomaría un tiempo demasiado largo, y además, al reflexionar, puede ser impropio y poco sabio. Estaría en contra de las líneas típicas del pensamiento entre nuestros educadores, y si fuera recibido como de algún valor y peso, tendería en estas circunstancias a confundir a los estudiantes y tal vez a los docentes, y despertaría controversia. El área de reforma, como yo la concibo, va tan profundamente a nuestra filosofía y práctica que apunta hacia una revolución completa en nuestros reglamentos denominacionales sobre la educación, una revolución necesaria porque anteriormente hemos evolucionado tanto hacia la izquierda que nuestro patrón se encuentra a nuestras espaldas.

No tengo la presunción de ser el instructor de nuestros líderes, de cuya capacidad y sinceridad (hablando en general) no tengo dudas. Soy solo un pequeñín en nuestras filas, sin el prestigio ni la erudición que calificaría a un consejero de peso. No obstante, mi mente está tan preocupada con el estado de nuestra obra educacional que cuando me digo que debo guardar silencio y divorciarme de todo sentido de responsabilidad, no puedo descansar ni dormir. Y esta carta se comenzó a medianoche por causa de este hecho.

He tenido el privilegio de una larga conexión y experiencia con nuestra obra educacional, tanto en nuestras escuelas como fuera de ellas; y a lo largo de todo este medio siglo y más he sido un estudiante de los principios, estructuras y procesos educacionales que Dios nos ha dado por medio de la intervención de Elena G. de White. He percibido en sus escritos no solo máximas aforísticas para adornar disertaciones sobre religión y aprendizaje; sino más bien un sistema de educación profundamente concebido, bien integrado, que incluye filosofía, alcance, forma, contenido, método, y por sobre todo, espíritu. Estos escritos constituyen un plano detallado para la acción, que la historia muestra que ha sido poco leído, menos entendido y de ningún modo comprendido. Nuestro alejamiento de él ha sido una consecuencia de esta falta de percepción y voluntad de seguirlo. El mejor compendio de esta riqueza de sabiduría educacional es el libro *La educación*. Está suplementado por diversas otras obras tales como *Consejos para los maestros, Fundamentals of Christian Education, El ministerio de curación*, y diversas otras obras en fases específicas, incluyendo especialmente la sección educacional en *Testimonios para la iglesia*, el tomo 6.

Por lo tanto estoy impulsado a registrar brevemente mis convicciones sobre las causas profundas de la pobreza espiritual y confusión entre nuestros obreros y nuestro pueblo, que surgen principalmente de nuestras escuelas. Siendo avanzado en años, es posible que no viva para ver siquiera el comienzo de la reforma; porque ella viene —y tiene que venir antes de que este pueblo esté listo para encontrarse con el Señor Jesús—, involucra un vuelco tan radical y completo que, excepto en los inescrutables milagros de Dios, no puede realizarse en un día. Pero deseo dejar a mis hijos por lo menos, y a cualquiera que lo quiera escuchar, un testamento de mi fe y mi visión.

Ninguna reforma puede ser adecuada y efectiva excepto que vaya a la raíz de la dolencia. Pequeñas dosis y remedios parciales, que tratan los síntomas y los rasguños, son inadecuados e inútiles al igual que ciegos. Apenas "curan por encima la herida de mi pueblo". El fruto del Árbol del Conocimiento del Bien y del Mal no es destruido por el rechazo de uno o más ejemplares con gusanos. El árbol debe ser rechazado; debemos volvernos al Árbol de la Vida. Por razones de brevedad, en los puntos que presentaré, cito como autoridad solo una directiva del Espíritu de Profecía; en la mayoría de los casos hay, además, abundancia de testimonios.

Hace veinticinco años, en 1928, llegamos a nuestro Cades-Barnea educacional. La Tierra Prometida estaba delante de nosotros, pero la mayoría de nuestros espías trajeron de vuelta un informe malo. Desanimados por el informe de gigantes y de ciudades amuralladas, nos alejamos de los mandatos del Señor, y rechazamos sus instrucciones de no buscar nuestra educación en las universidades, las escuelas del mundo (*Fundamentals of Christian Education*, 347, 359, 451, 567-574). La verdadera educación superior se encuentra en el estudio del conocimiento y sabiduría revelada de Dios.(*Ibíd.; La educación,*14). Hubo unos pocos Calebs y Josués allí, pero sus voces fueron ahogadas por los clamores de la multitud. Votamos por la afiliación y acreditación, con todo lo que involucra la afinidad con la educación mundana.

El resultado de una generación preparada en posgrado en las escuelas del mundo, es el moldeado de nuestras instituciones educativas y currículo según el patrón allí colocado ante nosotros; si es que no nació allí, por lo menos lo fortaleció. Si, en cambio, nos hubiéramos vuelto a un estudio intensivo del Espíritu de Profecía, y lo hubiésemos seguido fielmente, con nuestras mentes iluminadas por el Espíritu Santo, ahora estaríamos tan adelantados respecto del mundo en nuestros ideales y demostraciones, que seríamos la cabeza, no la cola, caminando en cadenas en la procesión de nuestros captores. Si esa caracterización parece injustificada, si de hecho no lo pueden ver, permítame preguntar, ¿qué se puede esperar cuando damos las espaldas a las directivas de Dios? ¿No tienen consecuencias? ¿Pueden ser eliminadas explicándolas? ¿No sufrimos ninguna retribución por nuestra desobediencia y negligencia? Así razonó Israel a lo largo de su tortuosa historia de deslealtad e idolatría hasta que, como dice el cronista, "no hubo remedio".

Algunos oficiales me desafiaron a decir cómo afrontar las dificultades, las obstrucciones legales a nuestra operación como individuos o instituciones, si no nos conformamos a las reglas de las agencias acreditadoras y a las leyes de los estados, y por lo tanto a la educación ofrecida por las universidades. Yo no lo sé; ningún hombre lo sabe. Pero cuando Israel llegó al Mar Rojo y al Jordán desbordado, ninguna idea humana, ningún consejo de los sabios del mundo, pudo salvarlos de los egipcios o capacitarlos para entrar a la Tierra Prometida. Y sé por mis estudios de los Testimonios sobre educación, que el modelo de la educación cristiana que se nos ha dado establece el sistema de educación más verdadero, más ventajoso, más sabio y más grandioso alguna vez propuesto, tanto más superior a los sistemas del mundo como para superarlos en brillo así como la luz del sol supera la luz de una vela. Si esto parece extravagante, es solo a aquellos que han sido hechizados por las velas y no han visto la luz del sol.

Para muchos parece ridículo acusar a nuestras escuelas de fallas en el currículo o los métodos. Señalan las mejoras, o supuestas mejoras en bibliotecas, laboratorios, técnicas y afiliaciones, y a los métodos más científicos de enseñanza, que son o que parecen ser el fruto de la cooperación con el mundo. ¿Aconsejaríamos regresar a los inocentes días de Mary Hopkins en un extremo de un tronco y a un estudiante en el otro? ¿Reduciríamos nuestra plana de docentes con maestrías o doctorados a la condición de maestros sin escolaridad como Uríah Smith, Stephen Haskell y Goodloe Bell? No significa que si hiciéramos caso de los Testimonios nuestros cuerpos de enseñanza se reducirían al estado de ignorantes e imbéciles. Y los hombres que fueron ridiculizados porque no tenían títulos académicos, eran no obstante hombres de sabiduría y habilidad y capacidad. G. H. Bell, aunque no tenía título académico fue el hombre en aquellos días tempranos, que percibió la visión legada por el Señor a su sierva sin escolaridad, Elena G. de White, y el que procuró con toda su inventiva y poder poner en operación tales principios. Fue rechazado como líder en favor de un hombre preparado en una universidad, quien más tarde en su vida me confesó que había sido, en ese tiempo, un "tonto educado". Y la culminación del reglamento nos dio un Alexander McLearn, quien puso el Colegio de Battle Creek fuera de operación por todo un año. Aprendemos poco, y aprendemos lentamente.

¿Quién puede leer, con mente iluminada por el Espíritu Santo, esa obra maestra central de la hermana White, el libro *La educación*, y no percibir la sabiduría profunda, la ciencia de la educación que abarca todo lo que Dios nos ha ofrecido? Nunca hemos realmente estudiado, ni practicado, ni procurado alcanzar lo que enseña ese libro. Quienes pudieron haber sido iluminados e instruidos por el estudio de los Testimonios, no habrían tenido necesidad del acicate de las asociaciones de acreditación o las leyes estatales para inspirar mejoras en nuestras instalaciones y métodos. Estábamos dormidos, pero no necesitábamos el vino de Babilonia para inflamarnos; necesitábamos el fruto del Árbol de la vida.

Cuanto más estrecha hacemos nuestra afinidad con las escuelas del mundo, tanto más nos apartamos de la presencia de Dios. Leer el primer artículo en *Testimonios para la iglesia*, tomo 6, en la sección "Educación", "La necesidad de una reforma educativa", es sentir una daga que se clava en nuestros reglamentos educativos. ¿Estamos recibiendo la marca de la bestia y su imagen, o el sello de Dios? (pág. 135.)

No obstante nuestras escuelas son infinitamente mejores que las escuelas del mundo. Son "ciudades de refugio" para nuestros jóvenes. Los principios de nuestra fe han tenido mucho efecto sobre nuestras vidas y nuestros reglamentos. Aunque han sido ignorados y descuidados en gran medida, su impacto sobre nuestras vidas ha sido considerable. En nuestras escuelas se observan e inculcan principios correctos de conducta social, alimentación y salud, abstinencia de narcóticos, estudiosidad, reverencia y devoción que han tenido un efecto mayor o menor sobre los alumnos.

Y el elevado carácter moral de nuestros docentes, en general, sus diversos niveles de devoción y consagración, su percepción de valores espirituales, han tenido un efecto muy claro sobre los alumnos. Quién diera que fuera mayor, pero gracias a Dios por lo que es. Muchos maestros que han tomado su obra de postrado en escuelas del mundo, cuentan entre ellos a hombres de profunda piedad y consagración de toda el alma. Pueden haber sido como Moisés, que solo necesitaban la experiencia del desierto.

No obstante, no existe la perfección. La pequeña elevación por sobre el mundo que hemos alcanzado, moralmente, no es la meta elevada que Dios puso delante de nosotros. Aún en los días de Acab, el impacto de la adoración diluida de Jehová tuvo tal efecto sobre los gobernantes que su reputación en el mundo era grande: "Los reyes de Israel eran reyes misericordiosos". Pero eso no hizo de Acab un hombre de Dios, ni eliminó la influencia de Jezabel. Elías y Eliseo tienen todavía una obra que hacer por nosotros.

"Nos toca ahora comenzar de nuevo. Las reformas deben emprenderse de todo corazón, alma y voluntad... Si en algunos respectos no existe una educación de carácter completamente diferente de la que se ha venido dando en algunas de nuestras escuelas, no necesitábamos haber gastado dinero en la compra de terrenos y la construcción de edificios escolares" (*Testimonios para la iglesia*, t. 6, p. 147. Yo era estudiante en Battle Creek en el tiempo en que esto se escribió; ahora soy un docente. Mi vida académica abarca esos años; y testifico que la necesidad de reformas es ahora mayor que la de entonces. Porque hemos retrocedido. Decimos que somos diferentes de las escuelas del mundo, porque enseñamos Biblia. Pero otras escuelas de iglesia enseñan también la Biblia; la cuestión es: ¿Cuán verdadera es la enseñanza? Las mentes que se apartan de la luz de Dios en cualquier fase o en cualquier respecto son débiles en la percepción del espíritu de la verdad bíblica. La verdad de Dios va más profunda que un credo. La doctrina es el marco de la verdad, pero sin la vida llega a ser un estéril esqueleto.

Pero la influencia que nos ha hecho apartarnos del modelo divino es tan sutil que es imperceptible para los que están involucrados, y como la gente del tiempo de Malaquías, preguntan con una inocencia afectada: "¿En qué nos hemos apartado del modelo? Dennos casos específicos".

Citaré cinco áreas de falta de armonía con la palabra de Dios en teorías y prácticas en nuestras escuelas. Son apenas unos pocos ejemplos de desobediencia; hay otros, como por ejemplo, la estructura y los códigos sociales, la agricultura como el ABC del esfuerzo educacional; las industrias, la ostentación en lugar de la sencillez, el carácter del entretenimiento, la preocupación con las cosas de la carne y del mundo. Si todas estas variaciones del modelo no son el producto de la participación con el mundo, en cualquier caso son fomentadas por el contacto con los ideales y los métodos recibidos en las escuelas del mundo, y la participación en ellas. Acaz no necesitó ir a Damasco para demostrar su deslealtad; pero cuando fue, se trajo consigo el altar pagano y lo puso en la casa de Dios. Enumeraré ahora las cinco transgresiones:

1. Incentivo, motivación. En nuestra primera reunión aquí, la discusión giró por un tiempo sobre la desagradable y hasta escandalosa ansia de los obreros de ser reconocidos como grandes hombres, de codiciar posición y autoridad, de ocuparse en rivalidad por el honor y el señorío. Se planteó tímidamente la pregunta de si práctica escolar de vestir a los alumnos con responsabilidad, y otorgarles honores y reconocimientos era responsable por inculcar este espíritu. El problema va mucho más profundo que eso. Para desarrollar a los jóvenes se requiere acordarles juiciosamente responsabilidades crecientes; pero ¿cuál es el incentivo ofrecido para trabajar y organizar y mejorar? Ése es el factor que determina si la educación social y administrativa es beneficiosa o dañina.

Los incentivos principales del mundo son la competición, la rivalidad. Yo podría escribir un tratado sobre la naturaleza y las ramificaciones de esta ansia egoísta; eso hice en mi libro *Who is the Greatest?* [¿Quién es el mayor?]. Merece ser estudiado. Tanto la Biblia como el Espíritu de Profecía condenan la rivalidad (y la competición, su origen) como la motivación del cristiano. Marcos 10:42-45. (*La educación*, pp. 225, 226).

El incentivo cristiano es el amor abnegado, el amor de Cristo, la cooperación, el ministerio. Reconocemos esto, pero lo mezclamos, y a veces permitimos que domine el incentivo de la competición. Honramos el templo y ofrecemos sacrificios allí, porque es hermoso y nos da prestigio; pero mantenemos los lugares altos también, y nos inclinamos ante las imágenes de Baal y Astarté. ¿En qué? En nuestros incentivos de clases, con notas y calificaciones y premios y honores especiales, en nuestra vida social, en nuestras recreaciones, y en última instancia en la vida profesional de nuestros estudiantes cuando dejan la escuela y entran en la obra de Dios. Preparamos concursos y damos recompensas y premios a los ganadores. Y esta es una práctica tan común y tradicional que miramos con asombro si alguien pone algún reparo. Hasta el final de Israel y de Judá, salvo por las reformas espasmódicas de Josías, los lugares altos permanecieron y fueron considerados, hasta cierto punto, como una parte de la adoración a Jehová. Estamos repitiendo la historia. Pero el incentivo y el lugar de adoración del cristiano no son la competición, la rivalidad, sino el impulso puro del amor, el amor de Dios.

La adopción del incentivo cristiano del amor, cuando se estudia en todos sus aspectos y aplicaciones, revolucionaría nuestro sistema y nuestras vidas, y produciría hombres y mujeres que conocen el espíritu de Cristo, quien se enterró en el surco de las necesidades del mundo, para poder producir más fruto. Hasta que los reglamentos y la práctica en nuestras escuelas sean revertidos, continuaremos produciendo jóvenes obreros centrados en sí mismos, egotistas, arrogantes. Por supuesto, habrá excepciones, en el grado en que el amor de Dios actúe secretamente en la vida de este y de aquel joven y señorita. Pero ¿cuál es la responsabilidad de la escuela? El espíritu de rivalidad puede comenzar en la casa, ciertamente existe en la comunidad que ayuda a moldear el carácter temprano, puede estar y generalmente está en la iglesia, pero nuestras escuelas en lugar de corregirlo, lo fomentan. La universidad es la última oportunidad de reforma; y el colegio no está realizando esta función.

2. La literatura. A pesar de la clara y explícita instrucción en los *Testimonios* (*La educación,* pp. 226, 227), una gran cantidad de instrucción sobre el mal de someter a nuestros estudiantes a la influencia de autores paganos, nuestros cursos en literatura continúan presentando tales escritores y obligando a su estudio. Algunos profesores de inglés parecen incapaces de distinguir entre lo bueno y lo malo en literatura, excepto los extremos. Desde Homero hasta Shakespeare y tales pigmeos modernos como Walt Whitman, introducen a sus estudiantes a las masas paganas y neopaganas de crimen, sangre, obscenidad y blasfemia. Que hay casos de belleza y probidad en todos estos autores, es cierto; el diablo viste a su prole de púrpura y oro. Pero las aguas de pureza son contaminadas con lagunas de barro. Nuestro estudio de la literatura debiera ser selectivo, como lo demostró el profesor Bell, y no completo, como dictan todos los conceptos mundanos del estudio de la literatura. Nuestro objetivo en la educación debe ser, no alcanzar el nivel y copiar las maneras de las escuelas del mundo, sino más bien juzgar las necesidades de la iglesia en su obra específica. La meta de la educación cristiana es la edificación del carácter; lo que la iglesia y el mundo necesita, son "los jóvenes y las señoritas... [preparados] para ser jefes de familia. Esa educación no se adquiere con el estudio de los clásicos paganos" (*El ministerio de curación*, p. 350).

Las leyes de las asociaciones de acreditación pueden ser dadas como una excusa para continuar esta transgresión de la voluntad divina. Es una excusa lamentable a los ojos de Dios y en vista de los caracteres que se forman en nuestra juventud. Pero como he descubierto cuando enseñaba literatura, esas leyes no son inflexibles. A menos que los docentes hayan adquirido un apetito por las ollas de carne de Egipto, no están obligados por ninguna ley rígida a alimentarse de ellas. La enseñanza de tal basura y maldad clásicas, curiosamente va en contra de sus propios objetivos, al rebajar el gusto de los estudiantes y conducirlos a complacerse en los tipos más bajos de ficción y noticias del deporte y revistas cómicas. Por tales medios, aun la enseñanza de la literatura bíblica como estudio escolar resulta de poco gusto, y junto con una enseñanza sin inspiración aumenta la aversión de los estudiantes por las Escrituras. ¿Qué les estamos haciendo a nuestros ministros y maestros en perspectiva?

3. Recreación. La instrucción del Espíritu de Profecía sobre la recreación es constructiva y no meramente negativa. *La educación*, pp. 207-222. Pero es suficientemente explícita al condenar los deportes competitivos para ser definitiva en este terreno; y todo razonamiento falaz de un "cambio de lugar", es tan escasamente convincente que, al fin, resulta solo en el abierto y atrevido desafío de la instrucción, como poco realista y opresiva. *Consejos para maestros,* p. 350. Hubo un tiempo, hace unos cuarenta o cincuenta años, cuando los deportes competitivos estaban desterrados de casi todos, si no de todos, nuestros colegios superiores. Pero regresaron con fuerza, y su adopción está creciendo. Los docentes parecen incapaces de afrontar constructivamente, o aun defensivamente, la demanda directa de deportes que hacen los alumnos. Y la razón, otra vez, es que hemos fracasado en estudiar y seguir y desarrollar la instrucción de los *Testimonios* del espíritu de Dios.

Hay tal inspiración, tal recreación sana, combinada con la ciencia y el aprecio creciente, en el estudio de la naturaleza y en sus actividades, desde caminatas hasta jardinería, tanta riqueza de sabiduría, la sabiduría de la palabra de Dios, para aprovechar, que por lejos aventaja las recompensas triviales y degradantes de los deportes. Por otro lado, no hay mayor aliado del malvado incentivo de la rivalidad que los deportes competitivos. Y esta fortaleza del diablo es una de las más difíciles de conquistar. No creo en eliminar drásticamente los deportes de la vida de la escuela, sin sustituirlos con verdadera recreación. Y esto no se puede hacer repentina y arbitrariamente. La sustitución debe ser un crecimiento, no un desplazamiento. Debe construirse tal experiencia, tal deleite y entusiasmo por las cosas de la creación de Dios que desplace naturalmente el ansia de la rivalidad en los juegos atléticos. Hay una tarea y oportunidad tremenda para nuestros docentes y nuestras escuelas. A menos que se realice, para siempre estaremos colgando en el precipicio de la deslealtad y la pérdida.

4. El estudio de la naturaleza y la ocupación. Hay muchos estudios impuestos a nuestros alumnos que son relativamente poco importantes, y que sobrecargan el programa como para impedir la inclusión de estudios descuidados pero más importantes. Cito el estudio de la naturaleza como un ejemplo. Dios tiene tres libros: la Biblia, la naturaleza y la historia. Él hizo la creación para que fuera su primer libro, para transmitirnos sus ideas. Más tarde, por causa del pecado dio la Biblia, que ilumina e interpreta tanto la naturaleza como la historia. El estudio de la naturaleza —no meramente conocer su mecanismo, sino explorar los pensamientos de Dios— es una parte vital de la educación cristiana, y esto lo revelan y enfatizan los Testimonios. ¿Pero quién entre nosotros es capaz de leer y de enseñar la palabra de Dios desde la naturaleza? La dirección inicial de los Mensajes de los Tres Ángeles, nuestro texto, es ignorada; porque no podemos conocer al Dios que creó a menos que conozcamos su creación.

Las ciencias naturales son, hablando en general, enseñadas como temas secos y esqueléticos: nombres, órdenes, leyes, clasificaciones; y para muchos alumnos que las toman como un recurso para obtener sus diplomas, son totalmente aburridas. Esto no es abrir las obras de Dios ante los alumnos. Ni tampoco la ciencia de leer la palabra de Dios se puede obtener en las escuelas del mundo. Solo se pueden obtener por medio de una combinación del estudio de la naturaleza, de la Biblia y los Testimonios. Esto no es ignorar los hallazgos de la ciencia y la vasta acumulación del conocimiento que, lo admitimos, se han de encontrar en las escuelas del mundo y los maestros en ellas, así como en los científicos y los sabios fuera de la escuela. Pero este conocimiento se puede obtener sin tener que matricularnos realmente en ellas; y tal conocimiento ha de ser filtrado por medio de las verdades reveladas a nosotros por Dios mismo. Si han de entregarse a la garra de las universidades algunos hombres, estos debieran ser cuidadosamente elegidos, no una multitud indiscriminada de jóvenes con la intención de obtener títulos superiores; y debemos percibir que aun al hacer tales selecciones y recomendaciones, corremos el riesgo de sacrificar una porción de nuestra preciosa herencia.

Pero no estamos incluyendo el estudio de la creación de Dios de manera adecuada o sagaz en nuestros colegios. (Hago ciertas excepciones, donde hombres de conocimiento y consagración han tenido logros notables como verdaderos maestros.) Recientemente, un estudiante de teología, brillante y emprendedor, me preguntó: "¿Cómo encuentra usted la palabra de Dios en la naturaleza? Yo salgo al aire libre y me siento en medio de cosas; veo pero no recibo ningún mensaje celestial. ¿Cómo aprende usted a leer los pensamientos de Dios en la naturaleza?"

Le dije: "Una buena manera de comenzar es seguir el consejo de la página 120 de *La educación*, de comparar la Biblia con la naturaleza".

"Pues, no sabía que hubiere algo en *La educación* acerca de la naturaleza", me contestó.

"¿Ha leído el libro?"

"Sí, tres veces, una vez en un curso. ¡Pero no recuerdo que hubiera nada en él acerca de la naturaleza!"

Hemos ubicado nuestros colegios en medio de la hermosa obra creadora de Dios, pero los ojos y los oídos de nuestros estudiantes se mantienen tan apegados a sus tareas académicas y extracurriculares, y hay una escasez de líderes vigorosos en las cosas que Dios reveló en la naturaleza, que ni uno en diez alumnos tiene el conocimiento de la naturaleza o interés en ella. No obstante, "en los pétalos del lirio Dios escribió un mensaje para nosotros, en un idioma que el corazón puede leer solo cuando desaprende las lecciones de desconfianza, egoísmo y congoja corrosiva" (*El discurso maestro de Jesucristo*, p. 82).

5. Educación para padres. Comenzamos nuestro edificio educacional desde arriba, con un colegio. Estuvimos atrasados casi un cuarto de siglo en instituir la enseñanza primaria. Nunca nos aplicamos a establecer el fundamento, la educación preescolar del niño. No obstante, todo eso está expuesto para nosotros en los Testimonios, y se nos dice que los primeros años son los más determinantes en la educación del individuo. (*Consejos para los maestros*, p. 103.) Los primeros consejos sobre educación se dedicaron a la vida en el hogar y a la preparación que los padres debían dar a sus hijos. (*Testimonios para la iglesia*, t. 3, pp. 147 y ss.) Se plantearon bosquejos muy específicos de instrucción, y se dio la instrucción (muy anticipada a los hallazgos científicos) de que hasta que un niño tenga ocho o diez años de edad, su única escuela debiera ser el hogar y sus únicos maestros, sus padres. (*Consejos para los maestros*, pp. 78, 79, 103.) Pero esto presupone que los padres son competentes como maestros. (*Ibíd.*, p. 104.) En forma necia, disimulada y perversa, esta declaración ha sido tomada por muchos educadores y administradores para excusarse de tener alguna participación en ese programa: "Que los padres lo hagan".

Pero los padres no recibieron ninguna preparación de parte de las escuelas de iglesia para asumir el papel de maestros. El conocimiento y la capacidad que pudieran tener fueron heredados de sus padres, o aprendido por lecturas casuales o instrucción casual. Rara vez esta rama de estudio tan importante fue organizada, integrada, o completa. La iglesia en su sistema educacional no ha tenido lugar para esto. No obstante, la iglesia ha recibido la indicación de dar educación a los padres. (*La educación*, pp. 275, 276). Se debería dar instrucción a todos los alumnos en el nivel superior, y probablemente aun en el secundario, en cuanto a los deberes, privilegios y responsabilidades de la vida del hogar y la paternidad. (*El ministerio de curación*, p. 350.)

El deplorable estado de nuestros hogares adventistas del séptimo día —no peor que el promedio de los hogares del mundo, pero tampoco superior, y en innumerables casos más doloroso— es atribuible a la grosera negligencia del programa educacional de la iglesia. No solo deberían los estudiantes ser preparados para el casamiento y la paternidad, sino que deben prepararse maestros especialmente para enseñar a los padres, y establecer escuelas preescolares de demostración; [estos] debieran ir a las iglesias, nuevas o viejas, y del mismo modo, a las comunidades no adventistas, y dar una preparación cristiana cabal a padres e hijos. Debiera darse esta instrucción especialmente a los ministros en perspectiva y a sus esposas.

No obstante, nuestras juntas de colegios rehúyen esto, y eligen ignorar esta necesidad básica. Empeñados en la economía, su mente vacila ante el costo supuesto y probable. Hay dinero para magníficos edificios de ciencias, para templos lujosos, para todo menos la obra fundamental de la educación, la preparación de padres para la educación preescolar de sus hijos.

Diecisiete años después que efectuó la institución de la obra de escuelas primarias de la iglesia, la hermana White dijo de la preparación de los padres: "Esta es la obra más importante delante de nosotros como pueblo, y que no hemos comenzado a tocar ni con la punta de nuestros dedos". Hace cuarenta años y todavía no la hemos comenzado a tocar ni con la punta de nuestros dedos. ¿Cómo hemos de elevar el nivel de piedad y poder en la iglesia mientras descuidamos el fundamento mismo de nuestra obra educacional? "Si los fundamentos son destruidos, ¿qué harán los justos?"

Incluso el mundo se nos está adelantando rápidamente, a nosotros que tuvimos la luz y la instrucción hace setenta y cinco años. Estamos a la cola del progreso educacional, cuando deberíamos estar a la cabeza. Las escuelas del mundo, desde las secundarias hasta las universidades, están formulando reglamentos e instituyendo medios para educar en la vida y preparación del hogar. No podemos depender de las universidades y colegios para maestros para que den a nuestros maestros esta preparación. Mientras podemos recoger de sus hallazgos y experiencia mucho de valor para nosotros, no podemos darnos el lujo de someter a nuestros maestros preescolares a sus clases; porque hay mucho error mezclado con la verdad. Todo lo que obtenemos de ellos, por lectura y consultas, debe ser filtrado a través de la sagrada instrucción que Dios nos dio. ¿Cuándo despertarán nuestras autoridades a la vital y tremenda necesidad, para actuar? (*Testimonios para la iglesia*, t. 6, pp. 199, 200.)

Nunca, a pesar de todas nuestras alarmas y desafíos y llamados al arrepentimiento y a la oración y esfuerzos de reavivamiento, nunca efectuaremos una reforma, hasta que vayamos a la raíz del asunto, nos enfrentemos como hombres cristianos a los hechos escuetos, nos arrepintamos de nuestra necedad, indiferencia y descuido, y nos volvamos de todo corazón a Dios, cuya obra esperamos terminar en esta generación. Josué 7:10-13.

Que el Señor nos dirija y controle de tal manera que nuestros colegios lleguen a ser más como las escuelas de Dios para los profetas, que como el Colegio de Roma para la Propaganda. Aquí yace nuestra única esperanza de ser el instrumento en las manos de Dios para terminar su obra, más bien que ser rechazados y arrojados afuera como pasó con su pueblo elegido, los judíos.

Sinceramente,
A. W. Spalding

Adventist Pioneer Library

Para obtener más información, visite:
www.APLib.org

o escriba a:
apl@netbox.com

Made in the USA
Columbia, SC
09 September 2025

61900957R00102